应用技能型院校"十三五"会计类专业精品规划教材

会计岗位项目实训

曹华祝　薛松/主编

张平/副主编

图书在版编目(CIP)数据

会计岗位项目实训 / 曹华祝,薛松主编. —上海:立信会计出版社,2018.6(2020.8重印)

应用技能型院校"十三五"会计类专业精品规划教材

ISBN 978 - 7 - 5429 - 5799 - 3

Ⅰ.①会… Ⅱ.①曹… ②薛… Ⅲ.①会计学—高等职业教育—教材 Ⅳ.①F230

中国版本图书馆 CIP 数据核字(2018)第 110584 号

策划编辑　王斯龙
责任编辑　王斯龙
封面设计　南房间

会计岗位项目实训

Kuaiji Gangwei Xiangmu Shixun

出版发行	立信会计出版社
地　　址	上海市中山西路 2230 号　邮政编码　200235
电　　话	(021)64411389　传　真　(021)64411325
网　　址	www.lixinaph.com　电子邮箱　lixinaph2019@126.com
网上书店	http://lixin.jd.com　http://lxkjcbs.tmall.com
经　　销	各地新华书店
印　　刷	上海万卷印刷股份有限公司
开　　本	787 毫米×1092 毫米　1/16
印　　张	19.5
字　　数	208 千字
版　　次	2018 年 6 月第 1 版
印　　次	2020 年 8 月第 3 次
印　　数	5201—7300
书　　号	ISBN 978 - 7 - 5429 - 5799 - 3/F
定　　价	43.00 元

如有印订差错,请与本社联系调换

"财务会计实务"课程是一门实践性和操作性很强的课程,为了培养满足社会需求的应用型会计人才,对在校的职业院校学生进行仿真实训操作训练十分关键,而为了保证实训的教学效果,就必须要有一套与"财务会计实务"课程相配套的,体现岗位教学要求的实训教材。正是基于这样的思考,我们编写了本教材。

本教材从总体上讲内容完整、系统、新颖,可操作性强,紧跟会计岗位核算需求。具体而言,本教材有以下两个方面的特色:

(1) 在编写体例上,本教材打破了传统会计类实训教材的模式,以一个真实的主体企业账项为依据,突出以企业的会计岗位为独立实训项目,综合了相关课程的核心内容和会计处理方法,培养学生认知分析原始凭证,正确进行会计处理,从而掌握会计相关岗位业务核算,并编制报表的综合实训能力。

(2) 本教材中涉及的经济业务全部用真实的原始凭证来体现,没有任何的文字提示,且所有业务涉及的原始凭证均为目前会计实务工作中的最新格式。主体企业为同一家主体企业,但是不同岗位之间的业务不具有连贯性,重点体现分岗位实训的特点。

在本教材的撰写过程中,与教材编写成员通力合作,搜集各种单据、凭证,同时也借鉴了其他相关的参考书目,在此表示感谢。由于编者水平有限,教材中难免有欠妥之处,恳请广大读者和专家批评指正。

编者

2020年1月修订

目录 Contents

第一章
　会计岗位项目实训的目的 …………………………………………………………… 1

第二章
　会计岗位项目实训的要求 …………………………………………………………… 2
　一、记账凭证的编制要求 ……………………… 2
　二、会计账簿的登记要求 ……………………… 2
　三、财务报表的编制要求 ……………………… 4

第三章
　会计岗位项目实训的基本资料 ……………………………………………………… 5
　一、公司基本情况 ……………………………… 5
　二、北京恒盛的主要会计政策 ………………… 5
　三、主要税费 …………………………………… 7
　四、会计核算形式 ……………………………… 7
　五、期初资料 …………………………………… 7
　六、经济业务 …………………………………… 16

第四章
　登账要求 ……………………………………………………………………………… 17

第五章
　会计岗位项目实训的参考课时 ……………………………………………………… 19

附录 经济业务相关凭证 ············ 21

- **项目一** 货币资金 ············ 21
- **项目二** 往来款项 ············ 53
- **项目三** 金融资产 ············ 81
- **项目四** 存货 ············ 111
- **项目五** 固定资产 ············ 145
- **项目六** 其他资产 ············ 187
- **项目七** 负债 ············ 215
- **项目八** 所有者权益 ············ 241
- **项目九** 收入、费用、结转利润 ············ 263
- **项目十** 会计报表 ············ 301

第一章 会计岗位项目实训的目的

通过本实训课程使学生全面系统地掌握分岗位会计核算的具体要求,培养学生认知分析原始凭证,正确进行会计处理,从而掌握会计相关岗位业务核算,并编制报表的综合实训能力。具体包括以下几个方面:

(1) 直观了解记账凭证应具备的基本要素,熟悉会计岗位上各种常用记账凭证的样式,掌握记账凭证填制的基本操作技能和技巧。

(2) 直观了解各类账簿的基本结构,熟悉各类账簿的账页格式,掌握账簿的启用、设置、登记、对账、结账等的基本操作技能和技巧。

(3) 直观了解主要财务报表的编制依据,熟悉主要财务报表的基本结构,掌握编制财务报表的基本技能和技巧。

第二章　会计岗位项目实训的要求

一、记账凭证的编制要求

（1）记账凭证各项内容必须完整。

（2）记账凭证应连续编号。如果一笔经济业务需要填制两张以上的记账凭证，可以采用分数编号法编号，比如：$1\frac{1}{2}$、$1\frac{2}{2}$。

（3）记账凭证的书写应清楚、规范。

（4）记账凭证可以根据每一张原始凭证填制，或者根据若干张同类原始凭证汇总填制，也可以根据原始凭证汇总表填制，但是不得将不同内容和类别的原始凭证汇总填制在一张记账凭证上。

（5）除结账和更正错误的记账凭证可以不附原始凭证外，其他记账凭证必须附有原始凭证。记账凭证上应注明原始凭证的张数，以便核对摘要及所编会计分录的正确性。如果一张原始凭证需要填制两张及以上记账凭证的，应在未附原始凭证的记账凭证上注明其原始凭证已附在某张记账凭证后，以便查阅。

（6）填制记账凭证时若发生错误，应当重新填制。已登记入账的记账凭证在当年内发现填写错误时，可以用红字填写与原内容相同的记账凭证，在摘要栏注明"注销某月某日某号凭证"字样，同时用蓝字重新填制正确的记账凭证，注明"订正某月某日某号凭证"字样。如果会计科目没有错误，只是金额错误，也可将正确数字与错误数字之间的差额另外编制调整的记账凭证，调整金额用蓝字，调减金额用红字。发现以前年度记账凭证有错误的，应当用蓝字填制更正的记账凭证。

（7）记账凭证的内容填制完整后，如有空行，应当自金额栏最后一笔金额数字下的空行处至合计数上的空行处划线注销。

二、会计账簿的登记要求

1. 准确完整

登记会计账簿时，应当将会计凭证日期、编号、业务内容摘要、金额和其他有关资料逐项记入账内，做到数字准确、摘要清楚、登记及时、字迹工整。对每一项会计事项，一方面要记入有关的总账，另一方面要记入该总账所属的明细账。账簿记录中的日期，应该填写记账凭证上的日期；以自制的原始凭证，如收料单、领料单等，作为记账依据的，账簿记录中的日期应按有关自制凭证上的日期填列。

2. 注明记账符号

登记完会计账簿后,要在记账凭证上签名或者盖章,并标记已经登账的符号,表示已经记账,以免发生重记或漏记。一般情况下,记账凭证上均设有专门的栏目供标记已记账的符号。

3. 文字和数字必须整洁清晰,准确无误

在登记书写时,不要滥造简化字,不得使用同音异义字,不得写怪字体;摘要文字紧靠左线;数字要写在金额栏内,不得越格错位、参差不齐;文字、数字字体大小适中,紧靠下线书写,上面要留有适当空距,一般应占格宽的 1/2,以备按规定的方法改错。记录金额时,如为没有角分的整数,应分别在角分栏内写上"0",不得省略不写,或以"—"号代替。阿拉伯数字一般可自左向右适当倾斜,以使账簿记录整洁清晰。为防止字迹模糊,墨迹未干时不要翻动账页;夏天记账时,可在手臂下垫一块软质布或纸板等书写,以防汗浸。

4. 正常记账使用蓝黑墨水

登记账簿要用蓝黑墨水或者碳素墨水书写,不得使用圆珠笔(银行的复写账簿除外)或者铅笔书写。在会计的记账书写中,数字的颜色是重要的语素之一,它同数字和文字一起传达出会计信息。如同数字和文字错误会表达错误的信息,书写墨水的颜色用错了,其导致的概念混乱也不亚于数字和文字错误。

5. 特殊记账使用红墨水

下列情况可以用红色墨水记账:①按照红字冲账的记账凭证,冲销错误记录;②在不设借贷等栏的多栏式账页中,登记减少数;③在三栏式账户的余额栏前,如未印明余额方向的,在余额栏内登记负数余额;④根据国家统一会计制度的规定可以用红字登记的其他会计记录。

6. 顺序连续登记

各种账簿按页次顺序连续登记,不得跳行、隔页。如果发生跳行、隔页,更不得随便更换账页和撤出账页,作废的账页也要留在账簿中,如果发生跳行、隔页,应当将空行、空页划线注销,或者注明"此行空白""此页空白"字样,并由记账人员签名或者盖章。这对堵塞在账簿登记时可能出现的漏洞,是十分必要的防范措施。

7. 结出余额

凡需要结出余额的账户,结出余额后,应当在"借或贷"栏内写明"借"或者"贷"等字样。没有余额的账户,应当在"借或贷"栏内写"平"字,并在余额栏内用"0"表示。现金日记账和银行存款日记账必须逐日结出余额。一般说来,对于没有余额的账户,在"余额"栏内标注的"0"应当放在元位。

8. 过次承前

每一账页登记完毕结转下页时,应当结出本页合计数及余额,写在本页最后一行和下页第一行有关栏内,并在摘要栏内注明"过次页"和"承前页"字样;也可以将本页合计数及金额只写在下页第一行有关栏内,并在摘要栏内注明"承前页"字样。也就是说,过次页和承前页的方法有两种:一是在本页最后一行内结出发生额合计数及余额,然后过次页并在次页第一行注明承前页;二是只在次页第一行承前页写出发生额合计数及余额,不在上页最后一行结出发生额合计数及余额后过次页。

9. 登记发生错误时,必须按规定方法更正

严禁刮、擦、挖、补,或使用化学药物清除字迹。发现差错必须根据差错的具体情况采用划线更正、红字更正、补充登记等方法更正。

三、财务报表的编制要求

1. 真实可靠

财务报表指标应当如实反映企业的财务状况、经营成果和现金流量。保证财务报表真实可靠,其需要做的准备工作有:①企业在编制年度财务报表前,应按照规定,全面清查资产、核实债务;②核对各会计账簿记录与会计凭证的内容、金额等是否一致,记账方向是否相符;③依照规定的结账日进行结账,结出有关会计账簿的余额和发生额,并核对各会计账簿之间的余额;④检查相关的会计核算是否按照国家统一的会计制度规定进行;⑤对于国家统一的会计制度没有规定统一核算方法的交易或事项,检查其是否按照会计核算的一般原则进行确认和计量以及相关账务处理是否合理;⑥检查是否存在因会计差错、会计政策变更等原因需要调整前期或者本期相关项目的内容。在前款规定工作中发现问题的,应当按照国家统一的会计制度的规定进行处理。

2. 全面完整

财务报表应当反映企业生产经营活动的全貌,全面反映企业的财务状况、经营成果和现金流量。保证财务报表的全面完整的措施有:①企业应当按照规定的财务报表的格式和内容编制财务报表;②企业应按规定编报国家要求提供的各种财务报表,对于国家要求填报的有关指标和项目,应按照有关规定填列。

3. 前后一致

编制财务报表依据的会计方法,前后期间应当遵循一致性原则,不能随意变更。如果确需改变某些会计方法,应在报表附注中说明改变的原因及改变后对报表指标的影响。

4. 编报及时

企业应根据有关规定,按月、按季、按半年、按年及时对外报送财务报表。财务报表的报送期限,由国家统一规定:①月报应于月度终了后 6 天内(节假日顺延,下同)对外提供;②季报应于季度终了后 15 天内对外提供;③半年度报应于年度中期结束后 60 天内(相当于两个连续的月份)对外提供;④年报应于年度终了后 4 个月内对外提供。

5. 相关可比

财务报表的相关可比,是指企业财务报表所提供的财务会计信息必须与财务报表使用者的决策相关,并且便于财务报表的使用者在不同企业之间及同一企业前后各期之间进行比较。

6. 便于理解

便于理解,是指财务报表所提供的会计信息应当清晰、明了,便于使用者理解和利用。

第三章 会计岗位项目实训的基本资料

一、公司基本情况

企业简称:北京恒盛
企业名称:北京恒盛有限公司
企业增值税类型:一般纳税人企业
所在地区:北京市东城区
社会信用代码:911101017690690112
企业地址:北京市东城区王连街楼小路75号
企业电话号码:010-61744362
法定代表人(董事长):朱雅颜
单位负责人(总经理):张艳辉
会计机构负责人(财务部经理):洪媚儿
预留银行印鉴:北京恒盛有限公司财务专用章和法定代表人私章
企业基本户开户行:中国建设银行北京市东城区支行 41622124077014
企业一般存款户:交通银行北京市东城区支行 41924996426573
证券交易结算资金账户:2519371341

二、北京恒盛的主要会计政策

(1) 北京恒盛有限公司(以下简称公司)为有限责任公司,是增值税一般纳税人,不属于可以享受固定资产加速折旧企业所得税政策的行业。公司下设办公室、财务部、采购部、销售门市、生产车间,执行《企业会计准则》。公司对外报送财务报表的相关负责人如下:单位负责人为朱雅颜;单位负责人(主管会计工作)为张艳辉;会计机构负责人为洪媚儿。

(2) 会计期间分为年度和中期,会计年度为自公历1月1日起至12月31日,中期包括月度、季度和半年度。

(3) 以人民币为记账本位币。

(4) 采用科目汇总表账务处理程序进行账务处理。

(5) ①存货按实际成本法核算。原材料及包装物发出计价采用月末一次加权平均法;材料的共同运费按数量分配,分配率保留4位小数,尾差计入最后一个对象;库存商品发出计价采用月末一次加权平均法;工程物资发出计价采用先进先出法;委托加工发出材料计价采用先进先出法。发出存货单位成本保留 2 位小数,如有尾差计入结存存货成本。周转材料价值摊销采用一次摊销法。原材料及周转材料发生盘盈时,按最近一次不含税买价作为入账价值;库存商品发生盘盈时,按当月完工入库的该库存商品的单位成本作为入账价值。② 主要生产甲、乙两种产品,生产每件甲、乙产品需耗用 Q101 和 W201 两种材料。本月投产产品均按照生产耗用数量领用原材料,未发生损耗。

（6）产品成本计算采用品种法,设置直接材料、直接人工、制造费用三个成本项目。其中:①原材料在生产开始时一次性投入;共同耗用的材料采用按产品产量分配进行分配,分配率保留 4 位小数,尾差计入最后一个对象;②工资及五险一金分配采用实际生产工时进行分配,分配率保留 4 位小数,尾差计入最后一个对象;③五险一金中,企业承担的部分为养老保险金 19%,医疗保险金 10%,失业保险金 0.8%,工伤保险金 0.2%,生育保险金 0.8%,住房公积金 12%;④五险一金中,个人承担的部分为养老保险金 8%,医疗保险金 2%,失业保险金 0.2%,住房公积金 12%。

（7）制造费用按生产工时比例在各种产品之间分配,分配率保留 4 位小数,尾差计入最后一个对象。

（8）生产费用在完工产品与在产品之间的分配采用约当产量法,分配率保留 4 位小数,尾差计入月末在产品成本。

（9）发生的福利费能分清部门的则根据部门记入相应的科目,如果不能分清的则全部记入"管理费用"科目。

（10）计提工会经费、计提职工教育经费,根据不同部门分别记入相应的会计科目。

（11）固定资产确认条件。固定资产是指为生产商品、出租或者经营管理而持有的,使用年限超过 1 年,单位价值较高的有形资产。固定资产以取得时的实际成本入账（其中,购置汽车的入账成本包括印花税、车辆购置税、牌照费用）,并从到达预定可使用状态的次月采用年限平均法计提折旧。净残值率为 4%,折旧年限分别为:房屋建筑物 20 年,生产设备 10 年,运输设备 4 年,电子设备 3 年,工具器具 5 年。折旧率保留 4 位小数（采用小数点形式）,月折旧额保留 2 位小数。

（12）期间费用（电费等）按实际用量进行分摊。

（13）适用的增值税税率为 13%,会计处理时各期确认的应交增值税进项税额应当与当期增值税纳税申报表保持口径一致;当期取得的增值税专用发票已在取得发票当天全部办妥认证手续（不考虑待认证情况）;企业的增值税专用发票符合抵扣规定的均已抵扣并取得认证清单。

（14）城市维护建设税税率为 7%;教育费附加征收率为 3%;地方教育附加征收率为 2%。

（15）企业所得税税率为 25%,季度按照实际利润额计算预缴企业所得税。截止到 2018 年 12 月 31 日,以前各年度应纳税所得额均大于零,不存在不征税收入、免税收入、减免所得税额,且截止到 2019 年 4 月 30 日无欠缴及多缴所得税情况。

（16）递延所得税资产和负债按年确认和转销;企业如果涉及转让专利业务,转让专利不符合免税政策。

(17) 应收款项(应收账款及其他应收款)的坏账准备采用余额百分比法计提,计提比例为5%。

(18) 无形资产的摊销采用直线法,土地使用权的摊销期限为50年,其他无形资产摊销期限为10年。

(19) 金融商品转让以盈亏相抵后的余额作为销售额,即卖出价减去买入价后的余额,卖出价和买入价均按照交割单上注明的成交数量乘以成交价格确定。

(20) 涉及金融资产、股权投资的公允价值变动损益、资本公积、其他综合收益的结转均与相关业务合并编制一张记账凭证。

(21) 交易性金融资产、可供出售金融资产以公允价值计量,按月确认公允价值变动。

(22) 投资性房地产按成本模式计量。

(23) 每月月末按照实际天数计算提取贷款利息。银行于每月20日收取其发放贷款的利息,涉及同一银行同日扣取多笔利息支出的,编制一张复合记账凭证。

(24) 对涉及销货与购货退回、销售折让及冲销上月暂估入库的业务均编制红字记账凭证;对涉及销货退回的业务还应同时结转成本。

(25) 涉及待抵扣进项税额的业务,编制一笔复合分录。

三、主要税费

(1) 增值税:按照产品、原材料等销售收入的13%计算缴纳,按月申报。

(2) 城市维护建设税:按照实际缴纳的增值税的7%计算缴纳,按月申报。

(3) 教育费附加:按照实际缴纳的增值税的5%计算缴纳,其中,3%为教育费附加,2%为地方教育附加,按月申报。

(4) 企业所得税:适用税率25%,企业所得税征收方式为查账征收,查账征收方式计税依据按实际利润额,企业所得税预缴方式为按季预缴,年终汇算清缴。

(5) 房产税及城镇土地使用税:自有房屋按照房屋原值的70%为计税基数,税率为1.2%,按季申报;出租房屋按照租金收入的12%计缴,按月申报。

四、会计核算形式

公司采用科目汇总表核算形式,按旬汇总。其中:

(1) 凭证组织。公司采用通用记账凭证和科目汇总表。凭证编号按照实训中提供的业务顺序编号,一笔经济业务如果需要编制多张记账凭证的,采用分数编号法。

(2) 账簿组织。公司开设总账、日记账和明细账。其中,日记账采用三栏式账页;原材料、库存商品、周转材料等存货明细账采用数量金额式账页;应交增值税、生产成本、收入、费用类以及制造费用等明细账采用多栏式账页,其他明细账及总账采用三栏式账页。

五、期初资料

北京恒盛有限公司2019年12月份期初资料如下。

北京恒盛有限公司 2019 年 12 月份期初资料　　　金额单位：元

总账科目	明细账科目	借方余额	贷方余额	数量	单位
库存现金		5 000.00			
银行存款	中国建设银行北京市东城区支行——41622124077014	5 134 000.00			
	交通银行北京市东城区支行——41924996426573	260 390.00			
其他货币资金	外埠存款——41622123988955	30 000.00			
	银行本票				
	银行汇票				
	信用卡				
	信用证保证金				
	承兑保证金——中国建设银行北京市东城区支行——41497202777966	1 000.00			
	存出投资款——2519371341	1 200 000.00			
交易性金融资产	股票——S公司——成本				
	股票——S公司——公允价值变动				
	债券——X公司——成本				
	债券——X公司——公允价值变动				
	基金——Z基金——成本				
	基金——Z基金——公允价值变动				
	权证——M权证——成本				
	权证——M权证——公允价值变动				
应收票据	中祥销售有限公司	120 000.00			
	恬程电子科技有限公司	85 000.00			
	吴天机电有限公司	51 940.00			
	常州阳光有限公司	23 400.00			
应收账款	海天化工有限公司	45 000.00			
	常州佳业股份有限公司	117 000.00			
	苏州宏程股份有限公司	30 000.00			
	南京宝利机电有限公司	15 850.00			
	徐州天华有限公司	15 210.00			
预付账款	江苏省电力股份有限公司徐州市分公司	50 000.00			
	南京米奇有限公司	20 000.00			
	T公司	10 900.00			
	常州阳光有限公司	12 870.00			
	财产保险费				
	汽车保险费				

(续表)

总账科目	明细账科目	借方余额	贷方余额	数量	单位
	报纸杂志费				
	房屋租赁费				
	设备租赁费				
应收股利	被投资单位名称(例如:S公司)				
	T公司	10 900.00			
应收利息	被投资单位名称(例如:××公司)				
其他应收款	A员工	5 000.00			
	B公司	32 437.00			
坏账准备	应收账款坏账准备		2 100.00		
	其他应收款坏账准备		1 000.00		
材料采购	Q101				
在途物资	W201				千克
	Q101	3 000.00		100	千克
原材料	Q101	66 000.00		3 000	千克
	W201	225 000.00		5 000	千克
材料成本差异	按品种或类别				
库存商品	甲	125 000.00		2 500	件
	乙	45 000.00		1 500	件
发出商品	商品类别和品种				
委托加工物资	M	200 000.00			
周转材料	包装物——包装箱	1 800.00		180	个
可供出售金融资产	股票——无锡荣轩有限公司——成本	20 000 000.00			
长期股权投资	淮安凤翔设备有限公司——投资成本40%	150 000.00			
	淮安凤翔设备有限公司——损益调整	20 000.00			
	无锡中超有限公司——投资成本35%	90 000.00			
	T公司——其他综合收益				
固定资产	生产设备——××	15 000.00			
	运输工具——××	200 000.00			
	电子设备——××	50 000.00			
	房屋及建筑物——办公楼	2 000 000.00			
	工具器具及家具——××	8 000.00			
	生产设备——T	50 000.00			
	融资租入固定资产——××				
累计折旧			273 145.98		
无形资产	专利权——A	30 000.00			

(续表)

总账科目	明细账科目	借方余额	贷方余额	数量	单位
	商标权——B	50 000.00			
	商标权——××	12 000.00			
累计摊销	专利权——××		5 000.00		
	商标权——××		10 000.00		
递延所得税资产	可抵扣暂时性差异项目明细	173 155.52			
待处理财产损溢	待处理流动资产损溢				
	待处理固定资产损溢				
短期借款	交通银行北京市东城区支行——合同号:00091		220 000.00		
	交通银行北京市东城区支行——合同号:00093				
应付票据	江苏恒大有限公司		58 500.00		
应付账款	南通云意有限公司		120 000.00		
	大丰瑞丰有限公司		23 400.00		
	南京飞科有限公司		10 320.00		
	南京金利机电有限公司		166 700.00		
预收账款	常州大明有限公司		100 000.00		
	北京冠星汽车有限公司		5 000.00		
应付职工薪酬	工资		77 797.16		
	职工福利				
	社会保险费——医疗保险		7 977.89		
	设定提存计划——养老保险		19 944.71		
	设定提存计划——失业保险		1 495.85		
	社会保险费——生育保险		797.78		
	社会保险费——工伤保险		498.61		
	住房公积金		6 900.00		
	工会经费				
	职工教育经费				
应交税费	未交增值税		84 085.21		
	待抵扣进项税额				
	简易计税				
	转让金融商品应交增值税				
	应交所得税		36 715.88		
	应交城市维护建设税		5 885.96		
	应交教育费附加		2 522.56		
	应交地方教育附加		1 681.70		
	应交个人所得税		598.21		

(续表)

总账科目	明细账科目	借方余额	贷方余额	数量	单位
应付利息	短期借款——交通银行北京市东城区支行——合同号：00091		916.67		
应付股利	C公司				
	D公司				
其他应付款	苏州旅财有限公司		2 340.00		
	社会保险费——医疗保险				
	设定提存计划——养老保险				
	设定提存计划——失业保险				
	住房公积金				
长期借款	交通银行北京市东城区支行——合同号：55315——本金				
	交通银行北京市东城区支行——合同号：55315——利息调整				
实收资本	C公司		374 258.12		
	D公司		368 921.76		
资本公积	资本溢价		60 000.00		
	其他资本公积				
其他综合收益	可供出售金融资产公允价值变动				
	被投资单位其他综合收益变动				
	投资性房地产转换收益				
	金融资产重分类损益				
盈余公积	法定盈余公积		276 724.47		
	任意盈余公积		17 649.86		
本年利润			158 450.00		
利润分配	未分配利润		28 297 524.14		
生产成本	基本生产成本——甲——直接材料	5 000.00			
	基本生产成本——甲——直接人工	3 000.00			
	基本生产成本——甲——制造费用	1 000.00			
	基本生产成本——乙——直接材料				
	基本生产成本——乙——直接人工				
	基本生产成本——乙——制造费用				
制造费用	××车间——办公费				
	房租				
	财产保险费				
	物业管理费				
	水电费				

(续表)

总账科目	明细账科目	借方余额	贷方余额	数量	单位
	市内交通费				
	差旅费				
	通讯费				
	工资				
	职工福利费				
	社会保险费				
	住房公积金				
	工会经费				
	职工教育经费				
	机物料消耗				
	低值易耗品摊销				
	折旧费				
	季节性停工损失				
	摊销租入固定资产改良支出				
研发支出	费用化支出				
	资本化支出				
主营业务收入	商品销售收入——甲				
其他业务收入	出租固定资产收入				
	出租无形资产收入				
	出租包装物和商品收入				
	材料销售收入				
	包装物销售收入				
	没收押金收入				
公允价值变动损益	交易性金融资产公允价值变动				
	投资性房地产公允价值变动				
投资收益	交易手续费				
	股利收入				
	利息收入				
	出售金融资产收益——出售金融商品收益				
	出售金融资产收益——出售股权收益				
	出售长期股权投资收益				
	被投资单位损益调整				
营业外收入	非流动资产处置利得				
	非货币资产交换利得				
	债务重组利得				

(续表)

总账科目	明细账科目	借方余额	贷方余额	数量	单位
	政府补助				
	盘盈利得				
	捐赠利得				
	违约金收入				
	没收加收押金收入				
	罚款收入				
	无法偿付的应付款项				
	其他				
主营业务成本	商品销售成本——甲				
其他业务成本	出租固定资产折旧额				
	出租无形资产摊销额				
	出租包装物和商品成本				
	材料销售成本				
	包装物销售成本				
税金及附加	资源税				
	消费税				
	城市维护建设税				
	教育费附加				
	地方教育附加				
	基金费				
	房产税				
	车船税				
	印花税				
	城镇土地使用税				
销售费用	包装费				
	广告宣传费				
	市内交通费				
	低值易耗品摊销				
	无形资产摊销费				
	工资				
	职工福利费				
	社会保险费				
	住房公积金				
	工会经费				
	职工教育经费				

(续表)

总账科目	明细账科目	借方余额	贷方余额	数量	单位
	办公费				
	水电费				
	差旅费				
	通讯费				
	折旧费				
	租赁费				
	固定资产维修费				
	摊销租入固定资产改良支出				
	财产保险费				
	汽车费用				
	会务费				
	商品维修费				
	预计商品质量保证损失				
	运输装卸费				
	样品费				
	商品保险费				
管理费用	开办费				
	咨询服务费				
	董事会费				
	诉讼费				
	聘请中介机构费				
	技术转让费				
	排污费				
	业务招待费				
	招聘费				
	交通费				
	低值易耗品摊销				
	无形资产摊销费				
	工资				
	职工福利费				
	社会保险费				
	住房公积金				
	工会经费				
	职工教育经费				
	办公费				

(续表)

总账科目	明细账科目	借方余额	贷方余额	数量	单位
	水电费				
	差旅费				
	通讯费				
	折旧费				
	租赁费				
	矿产资源补偿费				
	固定资产维修费				
	摊销租入固定资产改良支出				
	财产保险费				
	汽车费用				
	会务费				
	盘盈利得				
	盘亏损失				
	研究费用				
	物业管理费				
财务费用	汇兑损益				
	利息支出				
	利息收入				
	工本费及手续费				
	现金折扣				
资产减值损失	坏账损失				
	存货跌价损失				
	长期股权投资减值损失				
	持有至到期投资减值损失				
	固定资产减值损失				
	在建工程减值损失				
	无形资产减值损失				
	可供出售金融资产减值损失				
营业外支出	非流动资产处置损失				
	非货币性资产交换损失				
	债务重组损失				
	捐赠支出				
	非常损失				
	盘亏损失				
	罚款支出				

(续表)

总账科目	明细账科目	借方余额	贷方余额	数量	单位
	违约金支出				
	滞纳金				
所得税费用	当期所得税费用				
	递延所得税费用				
以前年度损益调整					

六、经济业务

北京恒盛有限公司发生的经济业务取得的相关凭证见附录。

第四章 登账要求

(1) 根据项目一"货币资金"的资料内容开设并登记"银行存款"日记账,开户行为中国建设银行北京市东城区支行,账号 41622124077014 的人民币户(登记"银行存款"日记账,不做每日合计)。

所给定账页第 1 行"年月日"栏为"2019 年 11 月 20 日","摘要"栏为"承前页","借方金额"栏为"672 400.00","贷方金额"栏为"268 750.00","余额"栏为"532 000.00";第 2 行至第 9 行略;所给定账页第 10 行"年月日"栏为"2019 年 11 月 30 日","摘要"栏为"本月合计及余额","借方金额"栏为"8 932 400.00","贷方金额"栏为"5 362 780.00","余额"栏为"5 134 000.00";请先将上述数据过入账页的相应行次,接着登记 2019 年 12 月份的"银行存款"日记账,并进行月度结账。

(2) 根据项目一"货币资金"的资料内容开设并登记"库存现金"日记账(登记"库存现金"日记账,不做每日合计)。

所给定账页第 1 行,"年月日"栏为"2019 年 11 月 20 日","摘要"栏为"承前页","借方金额"栏为"4 100.00","贷方金额"栏为"1 800.00","余额"栏为"3 600.00";第 2 行至第 5 行略;所给定账页第 6 行"年月日"栏为"2019 年 11 月 30 日","摘要"栏为"本月合计及余额","借方金额"栏为"8 600.00","贷方金额"栏为"4 300.00","余额"栏为"5 000.00";请先将上述数据过入账页的相应行次,接着登记 2019 年 12 月份的"库存现金"日记账,并进行月度结账。

(3) 请根据项目二"往来款项"的资料内容开设并登记"应收账款"总账。总账采用科目汇总表账务处理程序,科目汇总表按照"按旬记账凭证"汇总。

所给定账页第 1 行"年月日"栏为"2019 年 11 月 21 日","摘要"栏为"承前页","借方金额"栏为"100 000.00","贷方金额"栏为"82 000.00","余额方向"栏为"借","余额"栏为"134 000.00";第 2 行至第 5 行略;所给定账页第 6 行"年月日"栏为"2019 年 11 月 30 日","摘要"栏为"本月合计及金额","借方金额"栏为"162 000.00","贷方金额"栏为"127 000.00","余额方向"栏为"借","余额"栏为"197 850.00";请先将上述数据过入账页的相应行次,接着登记 2019 年 12 月份的"应收账款"总账,并进行月度结账。

(4) 请根据项目二"往来款项"的资料内容开设并登记"应收账款——常州佳业股份有限公司"明细账。

所给定账页第 1 行"年月日"栏为"2019 年 11 月 20 日","摘要"栏为"承前页","借方金额"栏为"80 000.00","贷方金额"栏为"39 000.00","余额方向"栏为"借","余额"栏为"120 000.00";第 2 行至第 5 行略;给所定账页第 6 行"年月日"栏为"2019 年 11 月 30 日","摘要"栏为"本月合计及余额","借方金额"栏为"113 200.00","贷方金额"栏为

"99 600.00","余额方向"栏为"借","余额"栏为"117 000.00";请先将上述数据过入账页的相应行次,接着登记2019年12月份"应收账款——常州佳业股份有限公司"明细账,并进行月度结账。

(5) 请根据项目九"收入、费用、结转利润"的资料内容开设并登记"管理费用"总账。总账采用科目汇总表账务处理程序,科目汇总表按照"按旬记账凭证"汇总。

所给定账页第1行"年月日"栏为"2019年11月20日","摘要"栏为"承前页","借方金额"栏为"67 200.00","贷方金额"栏为"46 100.00","余额方向"栏为"借","余额"栏为"21 100.00";第2行至第5行略;所给定账页第6行"年月日"栏为"2019年11月30日","摘要"栏为"本月合计及余额","借方金额"栏为"84 000.00","贷方金额"栏为"84 000.00","余额方向"栏为"平","余额"栏为"0.00";请先将上述数据过入账页的相应行次,接着登记2019年12月份"管理费用"总账,并进行月度结账。

(6) 请根据项目九"收入、费用、结转利润"的资料内容登记2018年12月份"管理费用"明细账。

所给定账页第1行"年月日"栏为"2019年11月20日","摘要"栏为"承前页","借方金额"栏为"67 800.00","贷方金额"栏为"34 200.00","借或贷"栏方向为"借","余额"栏为"33 600.00";第2行至第5行略;所给定账页第6行"年月日"栏为"2019年11月30日","摘要"栏为"本月合计及余额","借方金额"栏为"84 000.00","贷方金额"栏为"84 000.00","借或贷"栏方向为"平","余额"栏为"0.00";请先将上述数据过入账页的相应行次,接着登记2019年12月份"管理费用"明细账,并进行月度结账。

第五章 会计岗位项目实训的参考课时

本实训一般安排在"基础会计"课程和"财务会计实务"课程相关模块学习结束后进行。我们建议参考课时为60学时。各使用单位可以根据实际情况作相应调整。

本实训共需192张记账凭证、1张资产负债表、1张利润表、1张"银行存款"日记账、1张"库存现金"日记账、2张总账账页、2张三栏式明细账账页。

附录

经济业务相关凭证

项目一 货币资金

业务1 2019 年 12 月 01 日,取得原始凭证 2 张。

提现申请单

2019 年 12 月 01 日

收款单位	北京恒盛有限公司		
地 址	北京市东城区王连街楼小路 75 号	联系电话	010-61744362
收款人开户行	中国建设银行北京市东城区支行	开户账号	41622124077014
内 容	备用金		
大 写	人民币壹仟元整	¥1 000.00	

审批:洪媚儿　　　　　审核:谢小花　　　　　经办人:王颖宏

业务2 2019 年 12 月 2 日,取得原始凭证 1 张。

中国建设银行 China Construction Bank　　**现金交款单**

币别:人民币　　　　2019 年 12 月 02 日　　　　流水号:829258

单位填写	收款单位	北京恒盛有限公司	交款人	北京恒盛有限公司									
	账号	41622124077014	款项来源	营业款									
	人民币(大写) 伍佰元整				亿	千	百	十	万	千	百	十	元	角	分
										¥	5	0	0	0	0

银行确认栏:
会计确认栏:
收款账号:41622124077014
收款人户名:北京恒盛有限公司
缴款人名称:北京恒盛有限公司
交易码:　收付　金额
10111861　收　500.00
收入金额:500.00
实收金额:500.00
交易日期:2019-12-02

（中国建设银行 北京市东城区支行 2019-12-02 办讫 (01)）

现金回单(无银行打印记录及银行签章此单无效)

复核　　　　　录入　　　　　出纳

业务3 2019年12月3日,取得原始凭证3张。

交通银行　进账单(回单)　1

2019 年 12 月 03 日

出票人	全　称	北京恒盛有限公司	收款人	全　称	北京恒盛有限公司
	账　号	41622124077014		账　号	41924996426573
	开户银行	中国建设银行北京市东城区支行		开户银行	交通银行北京市东城区支行

金额	人民币(大写)	贰仟元整		亿 千 百 十 万 千 百 十 元 角 分
				￥ 2 0 0 0 0 0

| 票据种类 | 转账支票 | 票据张数 | 1 |
| 票据号码 | 10501126 | | |

交通银行
北京市东城区支行
2019-12-03
转讫
(01)

开户银行签章

复核　　　记账

此联是开户银行交给持(出)票人的回单

交通银行　进账单(收账通知)　3

2019 年 12 月 03 日

出票人	全　称	北京恒盛有限公司	收款人	全　称	北京恒盛有限公司
	账　号	41622124077014		账　号	41924996426573
	开户银行	中国建设银行北京市东城区支行		开户银行	交通银行北京市东城区支行

金额	人民币(大写)	贰仟元整		亿 千 百 十 万 千 百 十 元 角 分
				￥ 2 0 0 0 0 0

| 票据种类 | 转账支票 | 票据张数 | 1 |
| 票据号码 | 10501126 | | |

交通银行
北京市东城区支行
2019-12-03
转讫
(01)

开户银行签章

复核　　　记账

此联是收款人开户银行交给收款人的收账通知

中国建设银行
转账支票存根
10501126

附加信息　付款行账号：
41622124077014

出票日期 *2019* 年 *12* 月 *03* 日

收款人：北京恒盛有限公司

金　额：￥2 000.00

用　途：资金划转

单位主管　　会计

业务4 2019年12月3日,取得原始凭证4张。

业务5 2019年12月4日,取得原始凭证1张。

中国建设银行客户专用回单

币别:人民币　　　　　2019年12月04日　　　流水号:110120027J0500810037

付款人	全称	海天化工有限公司	收款人	全称	北京恒盛有限公司
	账号	41622124459907		账号	41622124077014
	开户行	中国建设银行北京市丰台区支行		开户行	中国建设银行北京市东城区支行
金额	人民币(大写)	肆万伍仟元整		(小写)¥45 000.00	
凭证种类		网银	凭证号码		
结算方式		转账	用途		货款
			打印柜员:110125584257		
			打印机构:中国建设银行北京市东城区支行回单		
			打印卡号:41622124077014		

打印时间:2019-12-04　　　交易柜员:110125584268　　　交易机构:110159334

业务6 2019年12月6日,取得原始凭证1张。

中国建设银行银行汇(本)票申请书

币别:人民币　　　　　2019年12月06日　　　流水号:00022625

业务类型	☑银行汇票　□银行本票	付款方式	☑转账　□现金
申请人	北京恒盛有限公司	收款人	北京欣华阳线材有限公司
账号	41622124077014	账号	41622124292959
用途	货款	代理付款行	

金额	人民币(大写) 叁万叁仟玖佰元整	亿	千	百	十	万	千	百	十	元	角	分
					¥	3	3	9	0	0	0	0

中国建设银行
北京市东城区支行
2019-12-06
办讫
(01)

1679-1033-4234-2871

业务7 2019年12月6日，取得原始凭证4张。

收料单

供应单位：北京欣华阳线材有限公司　　2019 年 12 月 06 日　　编号：SL

材料编号	名称	单位	规格	数量		实际成本			
				应收	实收	单价	发票价格	运杂费	总价
10001	Q101	千克		1 000	1 000				

备注：

收料人：陈小雨　　　　　　　　　　　　　交料人：魏书菊

业务8 2019年12月7日,取得原始凭证3张。

中国建设银行 进账单(收账通知) 3
2019 年 12 月 07 日

出票人	全 称	南京飞科有限公司	收款人	全 称	北京恒盛有限公司
	账 号	41622124250030		账 号	41622124077014
	开户银行	中国建设银行南京市鼓楼区支行		开户银行	中国建设银行北京市东城区支行

金额 人民币(大写) 壹拾壹万叁仟元整　　￥ 1 1 3 0 0 0 0 0

票据种类	银行汇票	票据张数	2
票据号码	1050322649817120		

中国建设银行 北京市东城区支行 2019-12-07 收讫(01) 开户银行签章

此联是收款人开户银行交给收款人的收账通知

复核　　记账

业务 9 2019 年 12 月 9 日,取得原始凭证 6 张。

中国建设银行 进账单(回单) 1
2019 年 12 月 09 日

出票人	全 称	北京恒盛有限公司	收款人	全 称	北京恒盛有限公司
	账 号	41622124077014		账 号	41497202777966
	开户银行	中国建设银行北京市东城区支行		开户银行	中国建设银行北京市东城区支行

金额 人民币(大写) 柒万零贰佰元整　　￥ 7 0 2 0 0 0 0

票据种类	转账支票	票据张数	1
票据号码	10501128		

中国建设银行 北京市东城区支行 2019-12-09 转讫(01) 开户银行签章

此联是开户银行交给持(出)票人的回单

复核　　记账

中国建设银行 进账单(收账通知) 3
2019 年 12 月 09 日

出票人	全 称	北京恒盛有限公司	收款人	全 称	北京恒盛有限公司
	账 号	41622124077014		账 号	41497202777966
	开户银行	中国建设银行北京市东城区支行		开户银行	中国建设银行北京市东城区支行

金额 人民币(大写) 柒万零贰佰元整　　￥ 7 0 2 0 0 0 0

票据种类	转账支票	票据张数	1
票据号码	10501128		

中国建设银行 北京市东城区支行 2019-12-09 转讫(01) 开户银行签章

此联是收款人开户银行交给收款人的收账通知

复核　　记账

中国建设银行　　　业务收费凭证

币别:人民币　　　2019 年 12 月 09 日　　　流水号:23359058

付款人:北京恒盛有限公司			账号:41622124077014		
项目名称	工本费	手续费	电子汇划费	邮电费	金额
银行承兑		35.10			35.10
金额(大写):叁拾伍元壹角整			中国建设银行 北京市东城区支行 2019-12-09 办讫 (01)		￥35.10
付款方式:银行转账					

第一联　银行记账凭证

1101163140　　北京增值税专用发票　　No 00003455

开票日期:2019年12月09日

购买方	名　称:北京恒盛有限公司 纳税人识别号:911101017690690112 地址、电话:北京市东城区王连街楼小路75号 010-61744362 开户行及账号:中国建设银行北京市东城区支行 41622124077014	密码区	07*3187<4/+9193<+95-59+7<375 7612<0-->-6>525<109873->7*7 87*3187<4/+8490<+30990854941 7+<712/<1+9016>6062++>84>439
货物或应税劳务、服务名称	规格型号　单位　数量　单价　金额　税率　税额
直接收费金融服务	1　33.11　33.11　6%　1.99
合　　计	￥33.11　　￥1.99
价税合计(大写)	⊗叁拾伍元壹角整　　　　(小写)￥35.10
销售方	名　称:中国建设银行股份有限公司北京市分行 纳税人识别号:911101018554830878 地址、电话:北京市东城区彭怀街孟立路29号 010-57904319 开户行及账号:中国建设银行股份有限公司北京市营业部110101785838802164856

收款人:　　　　复核:　　　　开票人:刘保　　　　销售方:(章)

业务10 2019年12月9日,取得原始凭证4张。

收 料 单

供应单位：南京丰益有限公司　　　2019 年 12 月 09 日　　　编号：SL

材料编号	名称	单位	规格	数量		实际成本			
				应收	实收	单价	发票价格	运杂费	总价
10002	W201	千克		880	880				
备注：									

收料人：陈小雨　　　　　　　　　　　　　　　　　交料人：申金红

第二联 记账联

银行承兑汇票（存根）

10501151　　3　　38091987

出票日期（大写）：贰零壹玖 年 壹拾贰月 零玖日

出票人全称	北京恒盛有限公司	收款人	全称	南京丰益有限公司
出票人账号	41622124077014		账号	41622124871585
付款行名称	中国建设银行北京市东城区支行		开户银行	中国建设银行南京市江宁区支行

出票金额	人民币（大写）肆万玖仟柒佰贰拾元整	亿千百十万千百十元角分
		￥ 4 9 7 2 0 0 0

汇票到期日（大写）	贰零贰零年叁月零玖日	付款行	行号	105005411528
承兑协议编号	YHCD5690		地址	北京市东城区彭怀街孟立路29号

密押

备注：　　　　　　　　　　　复核　　　经办

此联由出票人存查

经济业务相关凭证

业务11 2019 年 12 月 15 日，取得原始凭证 1 张。

中国建设银行客户专用回单

币别：人民币　　　2019 年 12 月 15 日　　　流水号：110120027J0500810033

付款人	全称	北京恒盛有限公司	收款人	全称	北京恒盛有限公司
	账号	41622124077014		账号	41622123988955
	开户行	中国建设银行北京市东城区支行		开户行	中国建设银行南通市港闸区支行

金额	人民币（大写）叁万贰仟柒佰陆拾元整	（小写）￥32 760.00
凭证种类	缴存外埠存款	凭证号码
结算方式	缴存外埠存款	用途　货款

打印柜员：110125584257
打印机构：中国建设银行北京市东城区支行
打印卡号：41622124077014
专用章

打印时间：2019-12-15　　交易柜员：110125584268　　交易机构：110115589

业务 12 2019 年 12 月 16 日,取得原始凭证 4 张。

中国建设银行客户专用回单

币别：人民币　　　　2019 年 12 月 16 日　　　　流水号：320620027J0500810019

付款人	全称	北京恒盛有限公司	收款人	全称	南通云意有限公司
	账号	41622123988955		账号	41622124001300
	开户行	中国建设银行通市港闸区支行		开户行	中国建设银行南通市港闸区支行

金额	（大写）人民币贰万玖仟捌佰叁拾贰元整	（小写）¥29 832.00
凭证种类	外埠存款	凭证号码
结算方式	外埠存款划出	用途　货款

打印柜员：320625584257
打印机构：中国建设银行南通市港闸区支行
打印卡号：41622123988955

打印时间：2019-12-16　　　交易柜员：320625584268　　　交易机构：320692127

业务 13　2019 年 12 月 17 日，取得原始凭证 3 张。

销 售 单

购货单位：吴天机电有限公司
地址和电话：北京市石景山区 41 街 33 路 23 号 010-76002592　　　单据编号：XS
纳税识别号：911101075336027682
开户行及账号：中国建设银行北京市石景山区支行 41622124524896

制单日期：2019 年 12 月 17 日

编码	产品名称	规格	单位	单价	数量	金额	备注
KCSP001	甲		件	113.00	20	2 260.00	含税价
合计	人民币(大写)：贰仟叁佰贰拾元整				—	¥2 260.00	

销售经理：王小欣　　经手人：林旭阳　　会计：谢小花　　签收人：张彩顺

北京 增值税专用发票　　1101161140

开票日期：2019年12月17日

购买方	名称：吴天机电有限公司
	纳税人识别号：911101075336027682
	地址、电话：北京市石景山区41街33路23号 010-76002592
	开户行及账号：中国建设银行北京市石景山区支行 41622124524896

密码区：
56*3187<4/+5769<+95-59+7<918
0786<0-->-6>525<131489->7*7
87*3187<4/+8490<+55263736090
1+<712/<1+9016>6610++>84>579

货物或应税劳务、服务名称	规格型号	单位	数量	单价	金额	税率	税额
甲		件	20	100.00	2 000.00	13%	260.00
合计					¥2 000.00		¥260.00

价税合计（大写）：贰仟贰佰陆拾元整　　（小写）¥2 260.00

销售方	名称：北京恒盛有限公司
	纳税人识别号：911101017690690112
	地址、电话：北京市东城区王连街楼小路75号 010-61744362
	开户行及账号：中国建设银行北京市东城区支行 41622124077014

收款人：　　复核：　　开票人：谢小花　　销售方：(章)

收 款 收 据

2019 年 12 月 17 日　　　　　　　　　　　No.

今收到 吴天机电有限公司
交来：货款

金额(大写) ⊗佰 ⊗拾 ⊗万 贰仟 贰佰 陆拾 零元 零角 零分

¥2 260.00　　☑现金　　□转账支票　　□其他

现金收讫

收款单位（盖章）

核准　　会计　　记账　　出纳：王颖宏　　经手人：杨爱忠

业务 14 2019年12月18日,取得原始凭证2张。

销 售 单

购货单位:海州家电有限公司
地址和电话:北京市海淀区19街29路93号 010-41872887　　　　　　单据编号:XS
纳税识别号:911101084194043895
开户行及账号:中国建设银行北京市海淀区支行 41622124936637　　制单日期:2019年12月18日

编码	产品名称	规格	单位	单价	数量	金额	备注
KCSP002	乙		件	169.50	200	33 900.00	含税价
合计	人民币(大写):叁万叁仟玖佰元整				—	￥33 900.00	

销售经理:王小欣　　　经手人:林旭阳　　　会计:谢小花　　　签收人:齐伟华

- - - ✂ - ✂ - - -

业务 15 2019年12月20日,取得原始凭证1张。

中国建设银行　进 账 单(收账通知)　3
2019年12月20日

出票人	全　称	海州家电有限公司	收款人	全　称	北京恒盛有限公司
	账　号	41622124936637		账　号	41622124077014
	开户银行	中国建设银行北京市海淀区支行		开户银行	中国建设银行北京市东城区支行

金额	人民币(大写) 叁万叁仟玖佰元整	亿	千	百	十	万	千	百	十	元	角	分
						￥	3	3	9	0	0	0

票据种类	转账支票	票据张数	1
票据号码	1050112679819315		

中国建设银行
北京市东城区支行
2019-12-20
办讫
(01)
开户银行签章

复核　　　记账

此联是收款人开户银行交给收款人的收账通知

业务16 2019年12月21日，取得原始凭证3张。

中国建设银行客户专用回单

币别：人民币　　　　2019年12月21日　　　　流水号：110120027J0500810070

付款人	全称	北京恒盛有限公司	收款人	全称	天健会计师事务所有限公司
	账号	41622124077014		账号	41622124568247
	开户行	中国建设银行北京市东城区支行		开户行	中国建设银行北京市房山区支行

金额	人民币（大写）	壹仟捌佰元整		（小写）¥1 800.00
凭证种类	网银		凭证号码	
结算方式	转账		用途	支付咨询服务费

打印柜员：110125584268
打印机构：中国建设银行北京市东城区支行
打印卡号：41622124077014

打印时间：2019-12-21　　交易柜员：110125584268　　交易机构：110110503

北京 增值税专用发票　　No 41015854　　1101161140

开票日期：2019年12月21日

购买方	名称：北京恒盛有限公司 纳税人识别号：911101017690690112 地址、电话：北京市东城区王连街楼小路75号 010-61744362 开户行及账号：中国建设银行北京市东城区支行 41622124077014

密码区：77*3187<4/+1841<+95-59+7<481
4448<0-->-6>525<353206->7*7
87*3187<4/+8490<+07820429032
5+<712/<1+9016>2588++>84>783

货物或应税劳务、服务名称	规格型号	单位	数量	单价	金额	税率	税额
咨询服务费		次	1	1 698.11	1 698.11	6%	101.89
合计					¥1 698.11		¥101.89

价税合计（大写）：○壹仟捌佰元整　　　¥1 800.00

销售方	名称：天健会计师事务所有限公司 纳税人识别号：911101114118981354 地址、电话：北京市房山区32街65路41号 010-51629457 开户行及账号：中国建设银行北京市房山区支行 41622124568247

收款人：　　复核：　　开票人：肖昆　　销售方：（章）

第二联：抵扣联　购买方扣税凭证

北京 增值税专用发票　　No 41015854　　1101161140

开票日期：2019年12月21日

购买方	名称：北京恒盛有限公司 纳税人识别号：911101017690690112 地址、电话：北京市东城区王连街楼小路75号 010-61744362 开户行及账号：中国建设银行北京市东城区支行 41622124077014

密码区：77*3187<4/+1841<+95-59+7<481
4448<0-->-6>525<353206->7*7
87*3187<4/+8490<+07820429032
5+<712/<1+9016>2588++>84>783

货物或应税劳务、服务名称	规格型号	单位	数量	单价	金额	税率	税额
咨询服务费		次	1	1 698.11	1 698.11	6%	101.89
合计					¥1 698.11		¥101.89

价税合计（大写）：○壹仟捌佰元整　　　¥1 800.00

销售方	名称：天健会计师事务所有限公司 纳税人识别号：911101114118981354 地址、电话：北京市房山区32街65路41号 010-51629457 开户行及账号：中国建设银行北京市房山区支行 41622124568247

收款人：　　复核：　　开票人：肖昆　　销售方：（章）

第三联：发票联　购买方记账凭证

业务17 2019年12月23日,取得原始凭证1张。

中国建设银行客户专用回单

币别:人民币　　　　　　　　2019年12月23日　　　流水号:110120027J0500810038

付款人	全 称	宏达保温容器制造有限公司	收款人	全 称	北京恒盛有限公司
	账 号	41622124933960		账 号	41622124077014
	开户行	中国建设银行北京市东城区支行		开户行	中国建设银行北京市东城区支行
金　额		人民币(大写)壹拾贰万伍仟元整		(小写)¥125 000.00	
凭证种类		网银	凭证号码		
结算方式		转账	用途	预付货款	
			打印柜员:110125584268 打印机构:中国建设银行北京市东城区支行 打印卡号:41622124077014		

打印时间:2019-12-23　　　交易柜员:110125584268　　　交易机构:110171416

（中国建设银行 电子回单 专用章）

业务18 2019年12月25日,取得原始凭证2张。

北京市代收罚款收据

NO 7575592
2019年12月25日

当事人:北京恒盛有限公司	执法机关代码:11012222
处罚决定书号:3534238	处罚日期:2019-12-25
罚款金额:¥2 000.00	没收款金额:中国建设银行北京市东城区支行 2019-12-25 办讫(01)
加收罚款金额:	
合计(小写):¥2 000.00	
合计金额(大写):贰仟元整	
上缴国库	预算级次
不准报销	

代收机构(章)　　　　收款人张向华　　　　复核人刘金花

业务19 2019年12月26日,取得原始凭证2张。

中国建设银行客户专用回单

币别:人民币　　　　　　　　2019年12月26日　　　流水号:110120027J0500810056

付款人	全　称	北京恒盛有限公司	收款人	全　称	速8连锁酒店有限公司
	账　号	41622124077014		账　号	41622124641470
	开户行	中国建设银行北京市东城区支行		开户行	中国建设银行北京市西城区支行
金　额	人民币(大写)	壹仟贰佰元整		(小写)¥1 200.00	
凭证种类	网银		凭证号码		
结算方式	转账		用途	支付招待客户餐费	
			打印柜员:110125584257		
			打印机构:中国建设银行北京市东城区支行		
			打印卡号:41622124077014		

打印时间:2019-12-26　　　交易柜员:110125584268　　　交易机构:110110509

北京增值税专用发票　　　No 86893132

1101161140

开票日期:2019年12月24日

货物或应税劳务、服务名称	规格型号	单位	数量	单价	金额	税率	税额
餐费		桌	1	1 132.08	1 132.08	6%	67.92
合　计					¥1 132.08		¥67.92
价税合计(大写)	壹仟贰佰元整				(小写)¥1 200.00		

购买方:北京恒盛有限公司　纳税人识别号:911101017690690112　地址、电话:北京市东城区王连街楼小路75号 010-61744362　开户行及账号:中国建设银行北京市东城区支行 41622124077014

销售方:速8连锁酒店有限公司　纳税人识别号:911101026983334917　地址、电话:北京市西城区张翠街楼小路47号 010-57954716　开户行及账号:中国建设银行北京市西城区支行 41622124641470

收款人:　　复核:　　开票人:何兰亭　　销售方:(章)

业务20 2019年12月31日,取得原始凭证2张。

库存现金盘点表

2019年12月31日　　　　　　　　　编号:201706

账存金额	实存金额	盘盈	盘亏	备注
10 500.00	10 700.00	200.00		

监盘人(签章):谢小花　　　　　　盘点人(签章):王颖宏

现金盘盈盘亏处置结果表

2019年12月31日

账存金额	实存金额	盘盈	盘亏
10 500.00	10 700.00	200.00	

财务部门意见:	公司领导意见:
无法查明原因,按《企业会计准则》处理。	同意
洪媚儿	张艳辉

注意：因版面原因，业务19省略发票第二联。

项目二　往来款项

业务1　2019年12月1日,取得原始凭证2张。

销 售 单

购货单位:签晶电子科技有限公司
地址和电话:北京市房山区69街41路18号 010-65410924　　　单据编号:XS
纳税识别号:911101116862789796
开户行及账号:中国建设银行北京市房山区支行 41622124898643　　制单日期:2019年12月01日

编码	产品名称	规格	单位	单价	数量	金额	备注
KCSP001	甲		件	113.00	350	39 550.00	含税价
合计	人民币(大写):叁万玖仟伍佰伍拾元整				—	¥39 550.00	

销售经理:王小欣　　经手人:林旭阳　　会计:谢小花　　签收人:刘金花

1101161140

北京 增值税专用发票

No 64880371

开票日期:2019年12月01日

购买方:
名　称:签晶电子科技有限公司
纳税人识别号:911101116862789796
地址、电话:北京市房山区69街41路18号 010-65410924
开户行及账号:中国建设银行北京市房山区支行 41622124898643

密码区:
29*3187<4/+7499<+95-59+7<647
8875<0-->>-6>525<431238->7*7
87*3187<4/+8490<+91056529894
7+<712/<1+9016>2259++>84>784

货物或应税劳务、服务名称	规格型号	单位	数量	单价	金额	税率	税额
甲		件	350	100.00	35 000.00	13%	4 550.00
合计					¥35 000.00		¥4 550.00

价税合计(大写):叁万玖仟伍佰伍拾元整　　(小写)¥39 550.00

销售方:
名　称:北京恒盛有限公司
纳税人识别号:911101017690690112
地址、电话:北京市东城区王连街楼小路75号 010-61744362
开户行及账号:中国建设银行北京市东城区支行 41622124077014

收款人:　　复核:　　开票人:谢小花　　销售方:(章)

业务2　2019年12月1日,取得原始凭证2张。

销 售 单

购货单位:北京宜鸿线材有限公司
地址和电话:北京市东城区07街65路38号 010-39442749　　　单据编号:XS
纳税识别号:911101014106781544
开户行及账号:中国建设银行北京市东城区支行 41622124510916　　制单日期:2019年12月01日

编码	产品名称	规格	单位	单价	数量	金额	备注
10001	Q101		千克	33.9	50	1 695.00	含税价
合计	人民币(大写):壹仟陆佰玖拾伍元整				—	¥1 695.00	

销售经理:王小欣　　经手人:林旭阳　　会计:谢小花　　签收人:李建强

北京增值税专用发票

发票号码：No 44027879
开票日期：2019年12月01日

购买方	名称：北京宜鸿线材有限公司 纳税人识别号：911101014106781544 地址、电话：北京市东城07街65路38号 010-39442749 开户行及账号：中国建设银行北京市东城区支行 41622124510916	密码区	29*3187<4/+8217<+95-59+7<912 0672<0-->-6>525<473206->7*7 87*3187<4/+8490<+21231673727 9+<712/<1+9016>5064++<84/080

货物或应税劳务、服务名称	规格型号	单位	数量	单价	金额	税率	税额
Q101		千克	50	30.00	1 500.00	13%	195.00
合计					¥1 500.00		¥195.00
价税合计（大写）	壹仟陆佰玖拾伍元整				（小写）¥1 695.00		

销售方	名称：北京恒盛有限公司 纳税人识别号：911101017690690112 地址、电话：北京市东城区王连街楼小路75号 010-61744362 开户行及账号：中国建设银行北京市东城区支行 41622124077014	备注	

收款人：　　复核：　　开票人：谢小花　　销售方：（章）

业务3 2019年12月3日，取得原始凭证3张。

销 售 单

购货单位：南通云意有限公司
地址和电话：江苏省南通市港闸区46街52路11号 0513-75073365　　单据编号：XS
纳税识别号：913206117982193257
开户行及账号：中国建设银行南通市港闸区支行 41622124001300　　制单日期：2019年12月03日

编码	产品名称	规格	单位	单价	数量	金额	备注
KCSP002	乙		件	169.5	100	16 950.00	含税价
合计	人民币（大写）：壹万陆仟玖佰伍拾元整			—		¥16 950.00	

销售经理：王小欣　　经手人：林旭阳　　会计：谢小花　　签收人：李世玲

北京增值税专用发票

发票号码：No 41016854
开票日期：2019年12月03日

购买方	名称：南通云意有限公司 纳税人识别号：913206117982193257 地址、电话：江苏省南通市港闸区46街52路11号 0513-75073365 开户行及账号：中国建设银行南通市港闸区支行 41622124001300	密码区	14*3187<4/+7249<+95-59+7<385 4515<0-->-6>525<324041->7*7 87*3187<4/+8490<+88103676045 9+<712/<1+9016>1308++<84/756

货物或应税劳务、服务名称	规格型号	单位	数量	单价	金额	税率	税额
乙		件	100	150.00	15 000.00	13%	1 950.00
合计					¥15 000.00		¥1 950.00
价税合计（大写）	壹万陆仟玖佰伍拾元整				（小写）¥16 950.00		

销售方	名称：北京恒盛有限公司 纳税人识别号：911101017690690112 地址、电话：北京市东城区王连街楼小路75号 010-61744362 开户行及账号：中国建设银行北京市东城区支行 41622124077014	备注	

收款人：　　复核：　　开票人：谢小花　　销售方：（章）

银行承兑汇票

| | | | | 2 | 10503251 06995039 |

出票日期（大写）：贰零壹玖 年 壹拾贰 月 零叁 日

出票人全称	南通云意有限公司	收款人	全称	北京恒盛有限公司
出票人账号	41622124001300		账号	41622124077014
付款行名称	中国建设银行南通市港闸区支行		开户银行	中国建设银行北京市东城区支行
出票金额 人民币（大写）	壹万陆仟玖佰伍拾元整			¥16950.00
汇票到期日（大写）	贰零贰零年零壹月零叁日	付款行	行号	105005411929
承兑协议编号	20793213		地址	江苏省南通市港闸区彭怀街孟立路29号

本汇票请到期日 到期无条件付款。

业务4 2019年12月4日，取得原始凭证2张。

销 售 单

购货单位：久益家电有限公司
地址和电话：北京市石景山区20街65路42号 010-83876721
纳税识别号：911101078389238134　　　　　　　　　　　单据编号：XS
开户行及账号：中国建设银行北京市石景山区支行 41622124283693

制单日期：2019年12月04日

编码	产品名称	规格	单位	单价	数量	金额	备注
KCSP001	甲		件	113.00	120	13 560.00	含税价
	培训服务		次	1 130.00	1	1 130.00	含税价
合计	人民币(大写)：壹万肆仟陆佰玖拾元整				—	¥14 690.00	

销售经理：王小欣　　经手人：林旭阳　　会计：谢小花　　签收人：封贺

北京增值税专用发票

1101161140　　　　　　　　　　　　　　　　　　　No 90360111　　1101161140

此联不得作为销售凭证使用　　　　　　开票日期：2019年12月04日

购买方	名　称：久益家电有限公司	密码区	79*3187<4/+8932<+95-59+7<347
	纳税人识别号：911101078389238134		1325<0--><-6>525<867111->7*7
	地　址、电话：北京市石景山区20街65路42号 010-83876721		87*3187<4/+8490<+08170852694
	开户行及账号：中国建设银行北京市石景山区支行 41622124283693		9+<712/<1+9016>2467++>84)164

货物或应税劳务、服务名称	规格型号	单位	数量	单价	金额	税率	税额
甲		件	120	100.00	12 000.00	13%	1 560.00
培训服务		次	1	1 000.00	1 000.00	13%	130.00
合　计					¥13 000.00		¥1 690.00
价税合计（大写）	⊗壹万肆仟陆佰玖拾元整				（小写）¥14 690.00		

销售方	名　称：北京恒盛有限公司	备注	
	纳税人识别号：911101017690690112		
	地　址、电话：北京市东城区王连街楼小路75号 010-61744362		
	开户行及账号：中国建设银行北京市东城区支行 41622124077014		

收款人：　　复核：　　开票人：谢小花　　销售方：(章)

业务5 2019年12月6日,取得原始凭证1张。

中国建设银行客户专用回单

币别:人民币　　　　　　2019年12月06日　　　流水号:110120027J0500810052

付款人	全　称	常州佳业股份有限公司	收款人	全　称	北京恒盛有限公司
	账　号	41622124034077		账　号	41622124077014
	开户行	中国建设银行常州市戚墅堰区支行		开户行	中国建设银行北京市东城区支行
金　额		人民币(大写)壹拾壹万柒仟元整		(小写)¥117 000.00	
凭证种类		电汇凭证	凭证号码		
结算方式		电子划汇收入	用途		货款
			打印柜员:110125584257 打印机构:中国建设银行北京市东城区支行 打印卡号:41622124077014		

打印时间:2019-12-06　　　交易柜员:110125584268　　　交易机构:110177167

（中国建设银行电子回单专用章）

业务6 2019年12月6日,取得原始凭证1张。

贴现凭证(收款通知) ④

填写日期:2019年12月06日　　　第4260号

贴现汇票	种　类	银行承兑汇票	号码	66006755	申请人	名　称	北京恒盛有限公司									
	出票日	2019年11月11日				账　号	41622124077014									
	到期日	2020年01月11日				开户银行	中国建设银行北京市东城区支行									
汇票承兑人(或银行)		名称	中国建设银行北京市通州区支行			账号										
						开户银行										
汇票金额(即贴现金额)		人民币(大写)捌万伍仟元整						千	百	十	万	千	百	十	元	角	分
										¥	8	5	0	0	0	0
贴现率 每月	5‰	贴现利息	千 百 十 千 百 十 元 角 分 ¥ 5 1 0 0 0			实付贴现金额		千 百 十 万 千 百 十 元 角 分 ¥ 8 4 4 9 0 0 0								

上述■■■现相符
此致
贴现申请人银行盖章:

（北京恒盛有限公司 财务专用章）　朱雅颜

（中国建设银行北京市东城区支行 2019-12-06 转讫(01)）

此联银行给申请人的收款通知

业务7 2019年12月7日,取得原始凭证1张。

被背书人:南通云意有限公司	被背书人	被背书人
[北京佰盛有限公司 财务专用章] [朱雅颜] 背书人签章 2019年12月07日	背书人签章 年 月 日	背书人签章 年 月 日

（贴粘单处）

业务8　2019年12月8日,取得原始凭证1张。

中国建设银行客户专用回单

币别:人民币　　　　　　2019 年 12 月 08 日　　　　流水号:110120027J0500810037

付款人	全 称	签晶电子科技有限公司	收款人	全 称	北京恒盛有限公司
	账 号	41622124898643		账 号	41622124077014
	开 户 行	中国建设银行北京市房山区支行		开 户 行	中国建设银行北京市东城区支行
金　额	人民币(大写)	叁万玖仟伍佰伍拾元整		(小写)￥39 550.00	
凭证种类	网银		凭证号码		
结算方式	转账		用途	货款	
			打印柜员:110125584257　　　　　　　　　　　　打印机构:中国建设银行北京市东城区支行　　　　　　　　　打印卡号:41622124077014		

打印时间:2019-12-08　　　　交易柜员:110125584268　　　　交易机构:110192617

（中国建设银行电子回单专用章）

业务9　2019年12月9日,取得原始凭证1张。

业务10　2019年12月9日,取得原始凭证1张。

借　款　单

2019 年 12 月 09 日　　　　　　　　　　　　　　NO

借款:朱雅颜	所属部门:办公室　【现金付讫】
借款用途:出差借款	
借款金额:人民币(大写)壹仟元整	￥1 000.00
部门负责人审批:同意　朱雅颜 2019-12-09	借款人(签章):朱雅颜 2019-12-09
财务部门审核:同意　洪媚儿 2019-12-09	
单位负责人批示:同意	签字:张艳辉 2019-12-09
核销记录:	

第一联　付款联(付款人记账)

业务 11 2019 年 12 月 10 日,取得原始凭证 2 张。

经理办公会议纪要

根据徐州市中级人民法院关于徐州天华有限公司破产终结公告,应收徐州天华有限公司款项¥15 210.00(人民币壹万伍仟贰佰壹拾元整),已无法收回。

参加人员:张艳辉　洪媚儿　王小欣

2019 年 12 月 10 日

徐州市中级人民法院破产终结公告

本院根据债务人徐州天华有限公司的申请,已于 2019 年 10 月 24 日依法宣告上述单位破产还债。经破产清算组清算,徐州天华有限公司的破产财产在优先拨付破产费用和职工安置费用后,已无资金清偿第二、第三顺序破产债权,其他债权人的清偿率为零。现破产财产已分配完毕,本院根据清算组的申请,已于 2019 年 12 月 05 日依法裁定终结本案的破产还债程序,未得到清偿的债权不再清偿。

特此公告

徐州市中级人民法院
2019 年 12 月 05 日

业务 12 2019 年 12 月 10 日,取得原始凭证 1 张。

中国建设银行
转账支票存根
10501131

附加信息 付款行账号:
41622124077014
出票日期 2019 年 12 月 10 日
收款人:苏州慧通有限公司
金额:¥50 000.00
用途:预付款
单位主管　会计

业务 13 2019 年 12 月 11 日,取得原始凭证 2 张。

中国建设银行　进账单(收账通知)　3
2019 年 12 月 11 日

出票人	全称	北京宜鸿线材有限公司	收款人	全称	北京恒盛有限公司
	账号	41622124510916		账号	41622124077014
	开户银行	中国建设银行北京市东城区支行		开户银行	中国建设银行北京市东城区支行

金额　人民币(大写)　壹仟陆佰捌拾元整　　亿千百十万千百十元角分　¥1 6 8 0 0 0

| 票据种类 | 转账支票 | 票据张数 | 1 |
| 票据号码 | 1050112601120678 | | |

中国建设银行
北京市东城区支行
2019-12-11
办讫
(01)

复核　记账　　开户银行签章

此联给收款人的收账通知
交收款人开户银行

购销合同

购方:北京宜鸿线材有限公司　　合同编号:2018037
销方:北京恒盛有限公司　　　　签订地点:北京市

　　购、销双方本着互利互惠、长期合作的原则,根据《中华人民共和国合同法》及双方的实际情况,就购方向供方采购事宜,订立本合同,以使双方在合同履行中共同遵守。

一、产品名称、数量、单价、金额:

产品名称	规格型号	计量单位	数量	单价	金额	备注
Q101		千克	50	33.9	1 695.00	含税
合计					￥1 695.00	
合计人民币(大写):壹仟陆佰玖拾伍元整						

二、质量要求、技术标准、销方对质量负责的条件和期限:按合同企业标准。
三、(1) 交(提)货地点、方式:北京市东城区07街65路38号。
　　(2) 交货日期:2019-12-01。
四、付款时间与付款方式:现金折扣基数:不含税价,现金折扣条件:10天内付款折扣2%、20天内付款折扣1%、30天内付款折扣0,付款方式:转账。
五、运输方式及到站、港和费用负担:销方承担。
六、合理损耗及计算方法:以实际数量验收。
七、包装标准、包装物的供应与回收:普通包装,不回收包装物。
八、验收标准、方法及提示异议期限:货到后,购方可在七天内提出质量异议,不包括运输过程中造成的质量问题。
九、违约责任:按《合同法》规定。
十、解决合同纠纷的方式:双方协商解决。
十一、其他约定事项:本合同一式两份,购、销双方各一份,经双方盖章后即生效。

购方(盖章):北京宜鸿线材有限公司　　　销方(盖章):北京恒盛有限公司
单 位 地 址:北京市东城区07街65路38号　单 位 地 址:北京市东城区王连街樱水路76号
电　　　话:010-39442740　　　　　　　电　　　话:010-6174-362
签 订 日 期:2019-11-28　　　　　　　　签 订 日 期:2019-11-28
开 户 银 行:中国建设银行北京市东城区支行　开 户 银 行:中国建设银行北京市东城区支行
账　　　号:41622124510916　　　　　　账　　　号:41622124077014

业务14　2019-12-12,取得原始凭证4张。

收 料 单

供应单位：北京欣华阳线材有限公司　　2019 年 12 月 12 日　　编：SL

材料编号	名称	单位	规格	数量 应收	数量 实收	单价	实际成本 发票价格	实际成本 运杂费	总价
10002	W201	千克		6 600	6 600				

备注：

收料人：陈小雨　　　　　　　　　　　　　　交料人：杨梅菊

业务 15　2019 年 12 月 15 日，取得原始凭证 7 张。

借 款 单

2019 年 12 月 09 日　　NO

借款人：朱雅颜	所属部门：办公室
借款用途：出差借款	
借款金额：人民币（大写）壹仟元整	￥1 000.00
部门负责人审批：同意　朱雅颜 2019-12-09	借款人（签章）：朱雅颜 2019-12-09
财务部门审核：同意　洪娟儿 2019-12-09	
单位负责人批示：同意	签字：张艳辉 2019-12-09
核销记录：补付 627.00	

差旅费报销单

2019 年 12 月 15 日　　　　　　　　　　　附原始单据 5 张

姓名	朱雅颜		工作部门		办公室			出差事由		洽谈商务		
日期		地点		车船费		深夜补贴	途中补贴	住勤费			旅馆费	公交费	金额合计
起	讫	起	讫	车次或船名	时间	金额			地区	天数	补贴			
12月10日	12月12日	北京市	南京市			657.00			南京市	3	330.00	640.00		1627.00

报销金额(大写)人民币	壹仟陆佰贰拾柒元整	合计(小写)￥1627.00
补付金额：￥627.00	退回金额：	

领导批准：张艳辉　　会计主管：洪媚儿　　部门负责人：朱雅颜　　审核：谢小花　　报销人：朱雅颜

业务16 2019年12月16日,取得原始凭证2张。

特殊事项处理说明

日期:2019年12月16日

说明事项	本公司应收苏州宏程股份有限公司的应收账款30 000.00元于2018年12月16日已确认坏账损失。2019年12月16日本公司收到苏州宏程股份有限公司返还的款项30 000.00元,经批准,冲销已确认的坏账损失。

批准:张艳辉　　　　审核:洪媚儿　　　　说明人:谢小花

中国建设银行 进账单(收账通知) 3

2019 年 12 月 16 日

出票人	全称	苏州宏程股份有限公司	收款人	全称	北京恒盛有限公司
	账号	41622124822738		账号	41622124077014
	开户银行	中国建设银行苏州市吴江区支行		开户银行	中国建设银行北京市东城区支行

金额	人民币（大写）叁万元整	亿 千 百 十 万 千 百 十 元 角 分 ¥ 3 0 0 0 0 0 0

票据种类	转账支票	票据张数	1
票据号码	1050322666435768		

中国建设银行 北京市东城区支行 2019-12-16 收讫

复核　　　记账

此联是收款人开户银行交给收款人的收账通知

业务17 2019 年 12 月 22 日，取得原始凭证 3 张。

收 料 单

供应单位：苏州慧通有限公司　　　　2019 年 12 月 03 日　　　　编号：SL

| 材料编号 | 名称 | 单位 | 规格 | 数量 | | 实际成本 | | | |
				应收	实收	单价	发票价格	运杂费	总价
10002	W201	千克		1 320	1 320				

备注：

收料人：陈小雨　　　　　　　　　　　　　　　　交料人：秦康

第二联　记账联

------------------------✂------------------------

业务 18　2019 年 12 月 25 日，取得原始凭证 2 张。

中国建设银行客户专用回单

币别：人民币　　　　　2019 年 12 月 25 日　　　流水号：110120027J0500810087

付款人	全　称	已到期未付款银承款项	收款人	全称	北京恒盛有限公司
	账　号	41622124102799		账　号	41622124077014
	开户行	中国建设银行常州市天宁区支行		开户行	中国建设银行北京市东城区支行
金额	人民币（大写）	贰万叁仟肆佰元整		(小写)¥23 400.00	
凭证种类	银行承兑汇票		凭证号码		
结算方式	转账		用途	转账存入	
			打印柜员：110125584257 打印机构：中国建设银行北京市东城区支行 打印卡号：41622124077014	电子回单	

打印时间：2019-12-25　　交易柜员：110125584268　　交易机构：110110548

被背书人：中国建设银行北京市东城区支行	被背书人	被背书人	（贴粘单处）
[北京闽盛有限公司 财务专用章] [朱雅颜] 背书人签章 2019年12月25	背书人签章 年 月 日	背书人签章 年 月 日	

业务 19 2019 年 12 月 27 日,取得原始凭证 6 张。

收 料 单

供应单位:南通天盛有限公司　　　　2019 年 12 月 27 日　　　　　　　编号:SL

材料编号	名称	单位	规格	数量		实际成本			
				应 收	实 收	单 价	发票价格	运杂费	总价
10001	Q101	千克		1 500	1 500				
备注:									

收料人:陈小雨　　　　　　　　　　　　　　　　　　　　　　交料人:杨彤

被背书人:南通天盛有限公司	被背书人	被背书人
[北京恒盛有限公司 财务专用章] 朱雅颜 背书人签章 2019 年 12 月 27 日	背书人签章 年　月　日	背书人签章 年　月　日

（贴粘单处）

业务20 2019年12月28日,取得原始凭证1张。

经理办公会议纪要

鉴于大丰瑞丰化工有限公司已于2017年12月28日完成破产清算程序,清算组未向我司请求支付欠其应付账款¥23 400.00(人民币贰万叁仟肆佰元整),且该请求付款权已过诉讼时效,经决定将此笔款项计入当期损益。

参加人员:张艳辉 洪媚儿 王小欣

2019 年 12 月 28 日

业务21 2019年12月31日,取得原始凭证1张。

坏账准备计算表

2019 年 12 月 31 日

项 目	应收款项期末余额	计提比例	坏账准备期初余额	本期确认坏账损失	已确认坏账本期收回	应补提金额	应冲减金额
应收账款坏账准备							
其他应收款坏账准备							
合计							

审核: 编制:

项目三 金融资产

业务1 2019年12月1日,取得原始凭证5张。

经理办公会议纪要

企业拟以不高于每股12元的价格买入江苏易方达发行在外的500股股票,划分为交易性金融资产。

参加人员:洪媚儿 张艳辉 王小欣

2019 年 11 月 29 日

交 割 单

营业部名:北京华兴证券服务股份有限公司
股东姓名:北京恒盛有限公司
资金账户:2519371341
当前币种:人民币

成交日期	操作	证券代码	证券名称	成交数量	成交均价	成交金额	手续费	印花税	其他费用	结算金额	账户	交易市场
2019-11-30	买入	007766	江苏易方达	500	12.00	6 000.00	5.30	0.00	0.00	6 005.30	2519371341	深圳证券

金融商品台账

证券代码及名称：0007766 江苏易方达　　　　　　　　　单位：元

购入日期	购入数量(股)	单位买入价	买入价
2019-11-30	500	12.00	6 000.00

业务2 2019年12月2日，取得原始凭证5张。

经理办公会议纪要

　　企业拟以不高于每股9元的价格买入江苏华纳发行在外的1 000股股票，划分为交易性金融资产。

　　参加人员：洪媚儿　张艳辉　王小欣

　　　　　　　　　　　　　　　　　　　　　　2019年11月30日

交 割 单

营业部名:北京华兴证券服务股份有限公司
股东姓名:北京恒盛有限公司
资金账户:2519371341
当前币种:人民币

成交日期	操作	证券代码	证券名称	成交数量	成交均价	成交金额	手续费	印花税	其他费用	结算金额	账户	交易市场
2019-12-01	买入	008899	江苏华纳	1 000	9.00	9 000.00	5.30	0.00	0.00	9 005.30	2519371341	深圳证券

金融商品台账

证券代码及名称:008899 江苏华纳　　　　　　　　　单位:元

购入日期	购入数量(股)	单位买入价	买入价
2019-12-01	1 000	9.00	9 000.00

业务3　2019 年 12 月 4 日,取得原始凭证 5 张。

经理办公会议纪要

企业拟购入南京鸿运发行的面值为 5 元的债券 1 000 张,划分为交易性金融资产。

参加人员:洪媚儿　张艳辉　王小欣

2019 年 12 月 2 日

交　割　单

营业部名:北京华兴证券服务股份有限公司
股东姓名:北京恒盛有限公司
资金账户:2519371341
当前币种:人民币

成交日期	操作	证券代码	证券名称	成交数量	面值	成交单价	成交金额	手续费	其他费用	结算金额	账户	交易市场
2019-12-03	买入	001122	南京鸿运	1 000	5.00	6.00	6 000.00	1.20	0.00	6 001.20	2519371341	深圳证券

　 北京 增值税专用发票　№ 64375618

1101163140
64375618

开票日期:2019年12月04日

购买方	名　称:	北京恒盛有限公司	密码区	79*3187<4/+8666<+95-59+7<110 7435<0-->>-6>525<440154->7*7 87*3187<4/+8490<+54418342271 8+<712/<1+9016>5091++>84>454
	纳税人识别号:	911101017690690112		
	地址、电话:	北京市东城区王连街楼小路75号　010-61744362		
	开户行及账号:	中国建设银行北京市东城区支行 41622124077014		

货物或应税劳务、服务名称	规格型号	单位	数量	单价	金额	税率	税额
直接收费金融服务			1	1.13	1.13	6%	0.07
合　　计					¥1.13		¥0.07
价税合计(大写)	⊗壹元贰角整				(小写) ¥1.20		

销售方	名　称:	北京华兴证券服务股份有限公司	备注	北京华兴证券服务股份有限公司 911101011602225343 发票专用章
	纳税人识别号:	911101011602225343		
	地址、电话:	北京市东城区陈宝路76号　010-23456121		
	开户行及账号:	中国建设银行北京市东城区支行 41671242428411		

收款人:　　　复核:　　　开票人:宋立新　　　销售方:发票专用章

业务4 2019年12月5日,取得原始凭证2张。

股东会决议

时间:2019年12月03日

应到会股东人数:2人

实际到会股东人数:2人

公司拟用货币资金50 000.00元(人民币伍万元整)向常州阳光有限公司投资,持股比例10%,划分为可供出售金融资产并准备长期持有。

股东签名:朱雅颜 张叶

北京恒盛有限公司

2019年12月03日

业务5 2019年12月8日,取得原始凭证2张。

股东会决议

时间:2019年12月06日
应到会股东人数:2人
实际到会股东人数:2人

  企业拟用货币资金900 000.00元(人民币玖拾万元整)对新设的文达设计服务有限公司进行投资,持股比例60%,能控制被投资企业并准备长期持有。

股东签名:朱雅颜　张叶

北京恒盛有限公司
2019年12月06日

中国建设银行
转账支票存根
10501134

附加信息 付款行账号：
41622124077014
出票日期 2019 年 12 月 08 日
收款人：文达设计服务有限公司
金　额：￥900 000.00
用　途：长期股权投资款
单位主管　　会计

------------------------------✂------------------------------

业务6 2019年12月9日,取得原始凭证5张。

经理办公会议纪要

  企业拟购入江苏舜天发行的面值为8元的债券3 000张,划分为交易性金融资产。

参加人员:洪媚儿　张艳辉　王小欣

2019年12月07日

交　割　单

营业部名:北京华兴证券服务股份有限公司
股东姓名:北京恒盛有限公司
资金账户:2519371341
当前币种:人民币

成交日期	操作	证券代码	证券名称	成交数量	面值	成交单价	成交金额	手续费	其他费用	结算金额	账户	交易市场
2019-12-08	买入	600287	江苏舜天	3 000	8.00	8.00	24 000.00	4.80	0.00	24 004.80	2519371341	上海证券

金融商品台账

证券代码及名称：002211 江苏舜天中   单位:元

购入日期	购入数量(张)	单位买入价	买入价
2019-12-08	3 000	8.00	24 000.00

业务7 2019年12月10日，取得原始凭证4张。

股东大会决议

时间：2019年12月08日
应到会股东人数：2人
实际到会股东人数：2人

企业拟用货币资金 80 000.00 元（人民币捌万元整）受让常州东方保温容器制造有限公司持有徐州华盛纺织有限公司30%的股权，不能控制被投资企业并准备长期持有。

股东签名：朱雅颜 张叶

北京恒盛有限公司
2019年12月08日

股权转让协议

转让方：常州东方保温容器制造有限公司
受让方：北京恒盛有限公司

一、根据《中华人民共和国公司法》第七十二条的规定，并经公司股东会会议决议，股东常州东方保温容器制造有限公司同意将其在徐州华盛纺织有限公司 30％股权以货币资金￥80 000.00（人民币捌万元整）转让给受让方北京恒盛有限公司。

二、依照本协议转让的股权于2019年12月10日实施，即受让方通过转账支票将股权收购数支付给转让方。

三、转让方自本协议规定的股权转让之日起，不再享受任何股东权利，同时也不对徐州华盛纺织有限公司承担任何责任。

四、受让方自本协议规定的股权转让之日起，应当依法以其受让的股权为限，享受股东权利，同时也承担股东责任。

五、如有一方违反本协议的，应协商解决；协商不成时，另一方有权向有管辖权的人民法院依法起诉。

六、本协议经双方当事人签名、盖章后生效。

转让方（签字、盖章）：常州东方保温容器制造有限公司

法定（授权）代表人： 冯 春

受让方（签字、盖章）：北京恒盛有限公司

法定（授权）代表人： 朱雅颜

本协议签订日期：2019 年 12 月 10 日

常州东方保温容器制造有限公司股权转让
所涉及的徐州华盛纺织有限公司
股东全部权益价值评估报告书
苏资评报字(2019)第 1208 号
摘　要

常州东方保温容器制造有限公司：

　　北京红杰资产评估股份有限公司接受常州东方保温容器制造有限公司的委托,就常州东方保温容器制造有限公司拟进行转让其持有徐州华盛纺织有限公司的股权之经济行为,对徐州华盛纺织有限公司股东全部权益在评估基准日的市场价值进行了评估。

　　1. 评估目的:确定徐州华盛纺织有限公司股东全部权益的市场价值,为委托方拟进行股权转让提供价值参考意见。

　　2. 评估对象与评估范围:评估对象为徐州华盛纺织有限公司股东全部权益价值,评估范围为徐州华盛纺织有限公司申报的全部资产及负债。

　　3. 评估基准日:2019 年 11 月 30 日。

　　4. 评估方法与价值标准:本次评估遵照中国有关资产评估的法令、法规,遵循独立、客观、科学的工作原则和持续经营原则、替代性原则、公开市场原则等有关经济原则,依据委估资产的实际状况、现行市场价格标准,以资产的持续使用和公开市场为前提,采用资产基础法进行评估,评估的价值类型为市场价值。

　　5. 评估结论:本公司评估人员对纳入评估范围的全部资产和负债进行了必要的勘察核实,对企业经营、财务、规划等方面进行了必要的尽职调查,对委托方和被评估企业提供的法律性文件、财务记录等相关资料进行了必要的核实、查证、估算、分析和调整等必要的评估程序,委估股东全部权益的评估结论如下:

　　在评估基准日 2019 年 11 月 30 日企业持续经营前提下,徐州华盛纺织有限公司申报的总资产为 653 300.00 元,总负债为 233 300.00 元,股东全部权益为 420 000.00 元。

　　采用资产基础法评估后的总资产为 703 300.00 元,总负债为 233 300.00 元,股东全部权益为 470 000.00 元,股东全部权益增值 50 000.00 元,增值率 11.90%。

　　6. 按现行规定,本评估报告的有效期为 1 年,即自 2019 年 12 月 10 日至 2020 年 12 月 09 日止。超过 1 年,需重新进行资产评估。

　　以上内容摘自资产评估报告书,欲了解本评估项目的全面情况,请认真阅读资产评估报告书全文,同时请报告使用者关注评估报告正文中的评估报告使用限制说明。

评估机构法定代表人：　李翠

中国注册资产评估师：　王成乐　　李佳杰
　　　　　　　　　　　11018258　11017954

北京红杰资产评估股份有限公司
2019 年 12 月 10 日

业务 8　2019 年 12 月 15 日,取得原始凭证 4 张。

经理办公会议纪要

　　企业拟以不低于每股 15.00 元的价格出售江苏易方达的股票 500 股。

参加人员：洪媚儿　张艳辉　王小欣

2019 年 12 月 14 日

交　割　单

营业部名:北京华兴证券服务股份有限公司
股东姓名:北京恒盛有限公司
资金账户:2519371341
当前币种:人民币

成交日期	操作	证券代码	证券名称	成交数量	成交均价	成交金额	手续费	印花税	其他费用	结算金额	账户	交易市场
2019-12-15	卖出	007766	江苏易方达	500	15.00	7500.00	5.30	7.50	0.00	7487.20	2519371341	深圳证券

业务9 2019年12月31日,取得原始凭证1张。

公允价值变动单

2019年12月31日   单位:元

证券代码	证券名称	持有数量(股)	账面价值	收盘价	市值	公允价值变动
008899	江苏华纳	1 000	9 000.00	8.00	8 000.00	−1 000.00
合计			9 000.00		8 000.00	−1 000.00

审核:洪媚儿   编制:谢小花

业务10 2019年12月31日,取得原始凭证1张。

公允价值变动单

2019年12月31日   单位:元

证券代码	证券名称	持有数量(股)	账面价值	收盘价	市值	公允价值变动
001122	南京鸿运	1 000	5 000.00	6.00	6 000.00	1 000.00
合计			5 000.00		6 000.00	1 000.00

审核:洪媚儿   编制:谢小花

业务11 2019年12月31日,取得原始凭证2张。

股东大会决议

时间:2019年12月17日
应到会股东人数:2人
实际到会股东人数:2人
公司拟按 78 000.00 元(人民币柒万捌仟元整)的价格将长期持有的常州阳光有限公司 10%的股权出售给北京中远汽车有限公司。

股东签名:朱雅颜　张叶

北京恒盛有限公司
2019年12月17日

中国建设银行客户专用回单

币别:人民币　　　　2019年12月19日　　　流水号:110120027J0500810028

付款人	全　称	北京中远汽车有限公司	收款人	全　称	北京恒盛有限公司
	账　号	41924996492642		账　号	41622124077014
	开户行	交通银行北京市朝阳区支行		开户行	中国建设银行北京市东城区支行
金　额	人民币(大写)	柒万捌仟元整		(小写)¥78 000.00	
凭证种类	网银		凭证号码		
结算方式	转账		用途	出售股权款	

打印柜员:110125584257
打印机构:中国建设银行北京市东城区支行
打印卡号:105676841128

打印时间:2019-12-19　　交易柜员:110125584268　　交易机构:110110500341152866

业务 12 2019-12-31,取得原始凭证 1 张。

股东大会决议

时间:2019 年 12 月 31 日

应到会股东人数:2 人

实际到会股东人数:2 人

经全体股东审议,一致通过如下决议:本公司截止到 2018 年 12 月 31 日的未分配利润 600 000.00 元(金额大写:陆拾万元整),现向全体股东分配现金利润 30 000 元(金额大写:叁万元整),按出资比例分配,其中 C 公司出资 50.36%,D 公司出资 49.64%

股东签名:朱雅颜 张叶

北京恒盛有限公司

2019 年 12 月 31 日

业务 13 2019 年 12 月 31 日,取得原始凭证 1 张。

公允价值变动单
2019 年 12 月 31 日　　　　　　　　　　　　　　　　　　　　　　单位:元

证券代码	证券名称	持有数量(股)	账面价值	收盘价	市值	公允价值变动
008899	江苏华纳	1 000	9 000.00	8.50	8 500.00	-500.00
合计			9 000.00		8 500.00	-500.00

审核:洪媚儿　　　　　　　　　　　　　　　　编制:谢小花

业务 14 2019 年 12 月 31 日,取得原始凭证 1 张。

股东大会决议

　　公司利润分配方案已在 2019 年 12 月 31 日召开的 2019 年第三次临时股东大会审议通过,以公司实施利润分配的股权登记日总股份数 4 500 000 股为基数,向全体股东每股派发现金红利人民币 0.70 元(含税),共计派发现金红利总额人民币 3 150 000.00 元。股权登记日为 2020 年 01 月 31 日,除息日为 2020 年 02 月 01 日,现金红利发放日为 2020 年 02 月 08 日。

江苏华纳股东大会

2019 年 12 月 31 日

业务 15 2019 年 12 月 31 日,取得原始凭证 1 张。

公允价值变动单
2019 年 12 月 31 日　　　　　　　　　　　　　　　　　　　　　　单位:元

证券代码	证券名称	持有数量(股)	账面价值	收盘价	市值	公允价值变动
001122	南京鸿运	1 000	6 000.00	5.50	5 500.00	-500.00
合计			6 000.00		5 500.00	-500.00

审核:洪媚儿　　　　　　　　　　　　　　　　编制:谢小花

业务16 2019年12月31日,取得原始凭证2张。

交 割 单

营业部名:北京华兴证券服务股份有限公司
股东姓名:北京恒盛有限公司
资金账户:2519371341
当前币种:人民币

成交日期	操作	证券代码	证券名称	面值	成交数量	成交价格	成交金额	手续费	其他费用	结算金额	账户	交易市场
2019-12-31	利息收入	001122	南京鸿运							250.00	2519371341	深圳证券

交易性金融资产利息计算单

单位:元

日期	债券名称	应计利息	利息收入
2019-12-31	南京鸿运	250.00	250.00
合计		250.00	250.00

审计:洪媚儿　　　　　　　　　　　　　　编制:谢小花

业务17 2019年12月31日,取得原始凭证1张。

公允价值变动单

2019年12月31日　　　　　　　　　　　　单位:元

证券代码	证券名称	持有数量(股)	账面价值	收盘价	市值	公允价值变动
600287	江苏舜天	3 000	24 000.00	10.00	30 000.00	6 000.00
合计			24 000.00		30 000.00	6 000.00

审核:洪媚儿　　　　　　　　　　　　　　编制:谢小花

业务18 2019年12月31日,取得原始凭证2张。

交 割 单

营业部名:北京华兴证券服务股份有限公司
股东姓名:北京恒盛有限公司
资金账户:2519371341
当前币种:人民币

成交日期	操作	证券代码	证券名称	面值	成交数量	成交价格	成交金额	手续费	其他费用	结算金额	账户	交易市场
2019-12-31	利息收入		江苏舜天							1 200.00	2519371341	上海证券

交易性金融资产利息计算单

单位:元

日期	债券名称	应计利息	利息收入
2019-12-31	江苏舜天	1 200.00	1 200.00
合计		1 200.00	1 200.00

审核:洪媚儿　　　　　　　　　　　　　　编制:许小花

业务19 2019年12月31日,取得原始凭证1张。

股东大会决议

时间:2019年12月31日
应到会股东人数:3人
实际到会股东人数:3人
经全体股东审议,一致通过如下决议:本公司截止到2018年12月31日未分配利润75 000.00元(人民币柒万伍仟元整),现向全体股东分配现金利润30 000.00元(人民币叁万元整),按出资比例分配,其中:北京恒盛有限公司出资10.00%,何兰亭出资25.00%,吴江华出资65.00%。

股东签名 朱雅颜 何兰亭 吴江华

常州阳光有限公司
2019年12月31日

业务20 2019年12月31日,取得原始凭证3张。

股东大会决议

时间:2019年12月31日
应到会股东人数:2人
实际到会股东人数:2人
企业拟以100 100.00元(人民币壹拾万零壹佰元整)的价格将长期持有且不能控制的无锡中超有限公司35%的股权,全部出售给重庆爱家贸易有限公司。

股东签名 朱雅颜 张叶

北京恒盛有限公司
2019年12月31日

中国建设银行客户专用回单

币别:人民币   2019年12月31日   流水号:110120027J0500810078

付款人	全称	重庆爱家贸易有限公司	收款人	全称	北京恒盛有限公司
	账号	41924996261527		账号	41622124077014
	开户行	交通银行重庆市万州区支行		开户行	中国建设银行北京市东城区支行
金额	人民币(大写)	壹拾万零壹佰元整		(小写)¥100 100.00	
凭证种类		网银	凭证号码		
结算方式		转账	用途		股权转让款

汇划日期:2019-12-31   汇划款项编号:31272903
报文顺序号:46185331   汇出行号:301001313821   打印柜员:110125584257
汇出行名:交通银行重庆市万州区支行   打印机构:中国建设银行北京市东城区支行
业务类型:6268   原凭证金额:100 100.00   打印卡号:41622124077014
原凭证种类:0703   原凭证号码:
附言:

中国建设银行
电子回单
专用章

打印时间:2019-12-31   交易柜员:110125584268   交易机构:110134167

股权转让协议

转让方:北京恒盛有限公司
受让方:重庆爱家贸易有限公司

一、根据《中华人民共和国公司法》第七十二条的规定,并经公司股东会会议决议,股东北京恒盛有限公司同意将其在无锡中超有限公司 35% 股权以人民币￥100 100.00(人民币壹拾万零壹佰元整)转让给受让方重庆爱家贸易有限公司。

二、依照本协议转让的股权于2019年12月31日实施,即受让方通过网银将股权收购款支付给转让方。

三、转让方自本协议规定的股权转让之日起,不再享受任何股东权利,同时也不对无锡中超有限公司承担任何责任。

四、受让方自本协议规定的股权转让之日起,应当依法以其受让的股权为限,享受股东权利,同时也承担股东责任。

五、如有一方违反本协议的,应协商解决;协商不成时,另一方有权向有管辖权的人民法院依法起诉。

六、本协议经双方当事人签名、盖章后生效。

转让方(签字、盖章):北京恒盛有限公司

法定(授权)代表人:朱雅颜

受让方(签字、盖章):重庆爱家贸易有限公司

法定(授权)代表人:刘占

本协议签订日期:2019年12月31日

业务21 2019年12月31日,取得原始凭证1张。(投资类型:长期股权投资,核算方法:权益法)

股东大会决议

时间:2019年12月31日
应到会股东人数:3人
实际到会股东人数:3人

经全体股东审议,一致通过如下决议:本公司截止到2018年12月31日未分配利润25 000.00元(人民币贰万伍仟元整),现向全体股东分配现金利润10 000.00元(人民币壹万元整),按出资比例分配,其中:北京恒盛有限公司出资40.00%,梁焕平出资25.00%,边有命出资35.00%。

股东签名 朱雅颜 梁焕平 边有命

淮安凤翔设备有限公司
2019年12月31日

业务 22 2019 年 12 月 31 日,取得原始凭证 1 张。

股东大会决议

时间:2019 年 12 月 31 日
应到会股东人数:3 人
实际到会股东人数:3 人

经全体股东审议,一致通过如下决议:本公司截止到 2018 年 12 月 31 日未分配利润 72 500.00 元(人民币柒万贰仟伍佰元整),现向全体股东分配现金利润 29 000.00 元(人民币贰万玖仟元整),按出资比例分配,其中:北京恒盛有限公司出资 15.00%,樊金贵出资 25.00%,何兴出资 60.00%。

股东签名 朱雅颜 樊金贵 何兴

无锡荣轩有限公司
2019 年 12 月 31 日

项目四 存 货

业务 1 2019 年 12 月 1 日,取得原始凭证 6 张。

江苏增值税专用发票 No 21112557
第二联:抵扣联 购买方扣税凭证

开票日期:2019年12月01日

购买方	名称:北京恒盛有限公司 纳税人识别号:911101017690690112 地址、电话:北京市东城区王连街楼小路75号 010-61744362 开户行及账号:中国建设银行北京市东城区支行 41622124077014	密码区	27*3187<4/+4407<+95-59+7<763 4382<0-->-6>525<161222->7*7 87*3187<4/+8490<+05512184030 9+<712/<1+9016>4217++>84>024

货物或应税劳务、服务名称	规格型号	单位	数量	单价	金额	税率	税额
Q101		千克	1 000	30.00	30 000.00	13%	3 900.00
合计					¥30 000.00		¥3 900.00

价税合计(大写) ⊗叁万叁仟玖佰元整   (小写) ¥33 900.00

| 销售方 | 名称:无锡蒂珂有限公司 纳税人识别号:913202038254468668 地址、电话:江苏省无锡市南长区马明街肖廷路95号 0510-35589393 开户行及账号:中国建设银行无锡市南长区支行 41622124205144 | 备注 | 无锡蒂珂有限公司 913202038254468668 发票专用章 |

收款人: 复核: 开票人:肖景儒

江苏增值税专用发票 No 21112557
第三联:发票联 购买方记账凭证

开票日期:2019年12月01日

购买方	名称:北京恒盛有限公司 纳税人识别号:911101017690690112 地址、电话:北京市东城区王连街楼小路75号 010-61744362 开户行及账号:中国建设银行北京市东城区支行 41622124077014	密码区	27*3187<4/+4407<+95-59+7<763 4382<0-->-6>525<161222->7*7 87*3187<4/+8490<+05512184030 9+<712/<1+9016>4217++>84>024

货物或应税劳务、服务名称	规格型号	单位	数量	单价	金额	税率	税额
Q101		千克	1 000	30.00	30 000.00	13%	3 900.00
合计					¥30 000.00		¥3 900.00

价税合计(大写) ⊗叁万叁仟玖佰元整   (小写) ¥33 900.00

| 销售方 | 名称:无锡蒂珂有限公司 纳税人识别号:913202038254468668 地址、电话:江苏省无锡市南长区马明街肖廷路95号 0510-35589393 开户行及账号:中国建设银行无锡市南长区支行 41622124205144 | 备注 | 无锡蒂珂有限公司 913202038254468668 发票专用章 |

收款人: 复核: 开票人:肖景儒

收 料 单

供应单位：无锡蒂珂有限公司　　2019 年 12 月 01 日　　编号：SL

材料编号	名称	单位	规格	数量		实际成本			
				应收	实收	单价	发票价格	运杂费	总价
10001	Q101	千克		1 000	1 000				
备注：									

收料人：陈小雨　　　　　　　　　　　　　　交料人：张新华

第二联　记账联

经济业务相关凭证

113

江苏增值税专用发票

3206161140

No 24699437

3206161140
24699437

开票日期：2019年12月01日

购买方	名称：北京恒盛有限公司 纳税人识别号：91110101769069O112 地址、电话：北京市东城区王连街楼小路75号 010-61744362 开户行及账号：中国建设银行北京市东城区支行 41622124077014	密码区	33*3187<4/+2352<+95-59+7<079 4685<0-->-6>525<304104->7*7 87*3187<4/+8490<+81727026836 0+<712/<1+9016>0911++<84>595

货物或应税劳务、服务名称	规格型号	单位	数量	单价	金额	税率	税额
运费 供应商垫付			1	100.00	100.00	9%	9.00
合计					¥100.00		¥9.00

价税合计（大写） ⊗ 壹佰零玖元整   （小写） ¥109.00

销售方	名称：南通天天物流有限公司 纳税人识别号：913206025053702118 地址、电话：江苏省南通市崇川区63街60路35号 0513-53155192 开户行及账号：中国建设银行南通市崇川区支行 41622124673230	备注	车牌号：苏A86528 货物编码：0101 913206025053702118 （南通天天物流有限公司 发票专用章）

收款人：   复核：   开票人：相志利   销售方：（章）

业务2 2019年12月2日，取得原始凭证6张。

中国建设银行 进账单（回单） 1

2019年12月02日

出票人	全称	北京恒盛有限公司	收款人	全称	北京恒盛有限公司
	账号	41622124077014		账号	41497202777966
	开户银行	中国建设银行北京市东城区支行		开户银行	中国建设银行北京市东城区支行

金额	人民币（大写）壹万壹仟柒佰元整	亿 千 百 十 万 千 百 十 元 角 分 ¥ 1 1 7 0 0 0 0

票据种类	转账支票	票据张数	1	
票据号码	10501137			中国建设银行 北京市东城区支行 2019-12-02 转讫 （开户银行签章）

复核   记账

中国建设银行 进账单（收账通知） 3

2019年12月02日

出票人	全称	北京恒盛有限公司	收款人	全称	北京恒盛有限公司
	账号	41622124077014		账号	41497202777966
	开户银行	中国建设银行北京市东城区支行		开户银行	中国建设银行北京市东城区支行

金额	人民币（大写）壹万壹仟柒百元整	亿 千 百 十 万 千 百 十 元 角 分 ¥ 1 1 7 0 0 0 0

票据种类	转账支票	票据张数	1	
票据号码	10501137			中国建设银行 北京市东城区支行 2019-12-02 转讫 （开户银行签章）

复核   记账

中国建设银行　　业务收费凭证

币别：人民币　　2019 年 12 月 02 日　　流水号：08232387

付款人：北京恒盛有限公司			账号：41622124077014		
项目名称	工本费	手续续	电子汇划费	邮电费	金额
银行承兑		10.00			10.00
金额（大写）壹拾元整					￥10.00
付款方式：银行转账					

中国建设银行
北京市东城区支行
2019-12-02
办讫
(01)

第一联　银行记账凭证

业务3 2019年12月3日,取得原始凭证3张。

收 料 单

供应单位:宿迁长顺电子科技有限公司　　2019 年 12 月 03 日　　　　　　　　　　编号:SL

材料编号	名称	单位	规格	数量		实际成本			
				应收	实收	单价	发票价格	运杂费	总价
10002	W201	千克		220	220				
备注:									

收料人:陈小雨　　　　　　　　　　　　　　　交料人:姜志忠

第二联 记账联

业务 4　2019 年 12 月 4 日,取得原始凭证 1 张。

收 料 单

供应单位:南通天盛有限公司　　2019 年 12 月 04 日　　　　　　　　　　编号:SL

材料编号	名称	单位	规格	数量		实际成本			
				应收	实收	单价	发票价格	运杂费	总价
10001	Q101	千克		100	100				
备注:									

收料人:陈小雨　　　　　　　　　　　　　　　交料人:陈一兵

第二联 记账联

业务 5　2019 年 12 月 4 日,取得原始凭证 1 张。

银行承兑汇票(存根)　　3

10501151
64999968

出票日期(大写)　贰零壹玖年壹拾贰月零肆日

出票人全称	北京恒盛有限公司	收款人	全称	宿迁长顺电子科技有限公司
出票人账号	41622124077014		账号	41622124658573
付款行名称	中国建设银行北京市东城区支行		开户银行	中国建设银行宿迁市宿城城区支行

出票金额	人民币(大写) 壹万贰仟肆佰叁拾元整	亿 千 百 十 万 千 百 十 元 角 分
		￥ 1 2 4 3 0 0

汇票到期日(大写)	贰零贰零年叁月零肆日	付款行	行号	105005411528
承兑协议编号	485378		地址	北京市东城区彭怀街孟立路 29 号

密押

备注　　　　　　　　　复核　　　经办

此联由出票人存查

业务6 2019年12月9日,取得原始凭证2张。

业务7 2019年12月9日,取得原始凭证1张。

业务8 2019年12月11日,取得原始凭证4张。

领 料 单

领料部门:采购部门
用　途:采购退货
2019年12月11日
编号:LL

材料编号	名称	规格	计量单位	请领数量	实发数量	备注
	Q101		千克	100	100	以前月份购入本月退货

领料人:卢志城　　　　　　　　　　发料人:陈小雨

第三联 记账联

中国建设银行客户专用回单

币别：人民币　　　　　　2019 年 12 月 11 日　　　流水号：110120027J0500810088

付款人	全称	无锡中超有限公司	收款人	全称	北京恒盛有限公司
	账号	41622124595503		账号	41622124077014
	开户行	中国建设银行无锡市南长区支行		开户行	中国建设银行北京市东城区支行

金额	人民币（大写）	叁仟叁佰玖拾元整		（小写）¥3 390.00
凭证种类	网银		凭证号码	
结算方式	转账		用途	退货款

打印柜员：110125584257
打印机构：中国建设银行北京市东城区支行
打印卡号：105703231632

（中国建设银行电子回单专用章）

打印时间：2019-12-11　　　交易柜员：110125584268　　　交易机构：110110500541152802

业务9　2019 年 12 月 12 日，取得原始凭证 4 张。

收 料 单

供应单位：南京江北有限公司　　　2019年12月12日　　　　　编号：SL

材料编号	名称	单位	规格	数量		实际成本			
				应收	实收	单价	发票价格	运杂费	总价
ZZCL004	包装箱	个		100	100				
备注：									

收料人：陈小雨　　　　　　　　　　　　　　交料人：胡晓杰

第二联　记账联

中国建设银行
转账支票存根
10501138

附加信息 付款行账号：
41622124077014

出票日期 2019 年 12 月 12 日
收款人：南京江北有限公司
金　额：￥1 130.00
用　途：支付货款
单位主管　　会计

业务10　2019年12月18日，取得原始凭证4张。

江苏 增值税专用发票　　No 16931014

3201161140

开票日期：2019年12月18日

购买方	名　称：北京恒盛有限公司 纳税人识别号：911101017690690112 地址、电话：北京市东城区王连街楼小路75号　010-61744362 开户行及账号：中国建设银行北京市东城区支行　41622124077014	密码区	85*3187<4/+3941<+95-59>+7<751 7418<0--->>-6>525<639709->7*7 87*3187<4/+8490<+56302321000 0<<712/<1+9016>3486++>84>482

货物或应税劳务、服务名称	规格型号	单位	数量	单价	金额	税率	税额
W201		千克	220	50.00	11 000.00	13%	1 430.00
合　计					￥11 000.00		￥1 430.00

价税合计（大写）　⊗壹万贰仟肆佰叁拾元整　　　（小写）￥12 430.00

销售方	名　称：南京飞科有限公司 纳税人识别号：913201063187119821 地址、电话：江苏省南京市鼓楼区薛文李哲路70号　025-37207591 开户行及账号：中国建设银行南京市鼓楼区支行　41622124250030	备注	（南京飞科有限公司 913201063187119821 销售方 发票专用章）

收款人：　　　复核：　　　开票人：田菁

业务 11　2019 年 12 月 20 日，取得原始凭证 7 张。

收 料 单

供应单位：徐州华盛纺织有限公司　　2019 年 12 月 20 日　　编号：SL

材料编号	名称	单位	规格	数量		实际成本			
				应收	实收	单价	发票价格	运杂费	总价
10001	Q101	千克		100	100				
10002	W201	千克		132	132				

备注：

收料人：陈小雨　　　　　　　　　　　　　　交料人：周培红

运输费用分配表

2019 年 12 月 20 日　　　　　　　　　　　　　　　　单位:元

货物名称	运费分配率	运费分配金额
Q101	0.431 0	43.10
W201	0.431 0	56.90
合计		100.00

审核:洪媚儿　　　　　　　　　　　　　　编制:谢小花

业务 12　2019 年 12 月 23 日,取得原始凭证 3 张。

销 售 单

购货单位:大丰瑞丰有限公司
地址和电话:江苏省盐城市盐都区赵志街高小路 11 号 0515-59758059　　**单据编号**:XS
纳税识别号:913209037003628487
开户行及账号:中国建设银行盐城市盐都区支行 41622124544558　　**制单日期**:2019-12-23

编码	产品名称	规格	单位	单价	数量	金额	备注
KCSP001	甲		件	113.00	10	1 130.00	含税价
合计	人民币(大写)壹仟壹佰叁拾元整			—		¥1 130.00	

会计联

销售经理:王小欣　　经手人:林旭阳　　会计:谢小花　　签收人:孙海红

北京 增值税专用发票

1101161140　　　　　　　　　　　　　　　　　　　　　　　　No　　　　　　　　　　1101161140

此联不得作为报销总抵扣凭证使用　　　　　　　　　开票日期:2019年12月23日

购买方	名　　　　称	大丰瑞丰有限公司	密码区	28*3187<4/+7750<+95-59+7<766
	纳税人识别号	913209037003628487		1588<0-->-6>525<565728-7*7
	地　址、电　话	江苏省盐城市盐都区赵志街高小路11号 0515-59758059		87*3187<4/+8490<+715111203334
	开户行及账号	中国建设银行盐城市盐都区支行 41622124544558		5<712/<1+9016>6415++<84>402

货物或应税劳务、服务名称	规格型号	单位	数 量	单 价	金 额	税率	税 额
甲		件	10	100.00	1 000.00	13%	130.00
合　　　计					¥1 000.00		¥130.00

价税合计(大写)	⊗壹仟壹佰叁拾元整	(小写)	¥1 130.00

销售方	名　　　　称	北京恒盛有限公司
	纳税人识别号	911101017690690112
	地　址、电　话	北京市东城区王连街楼小路75号 010-61744362
	开户行及账号	中国建设银行北京市东城区支行 41622124077014

收款人:　　复核:　　开票人:谢小花　　销售方:(章)

第一联:记账联　销售方记账凭证

中国建设银行客户专用回单

币别:人民币　　　　2019 年 12 月 23 日　　　流水号:110120027J0500810046

付款人	全　　称	大丰瑞丰有限公司	收款人	全　　称	北京恒盛有限公司
	账　　号	41622124544558		账　　号	41622124077014
	开 户 行	中国建设银行盐城市盐都区支行		开 户 行	中国建设银行北京市东城区支行
金　　额	人民币(大写)壹仟壹佰叁拾元整			(小写) ¥1 130.00	
凭证种类	电汇凭证		凭证号码		
结算方式	电汇		用途	货款	

打印柜员:110125584257
打印机构:中国建设银行北京市东城区支行
打印卡号:41622124077014

打印时间:2019-12-23　　交易柜员:110125584268　　交易机构:110122882

业务 13 2019 年 12 月 31 日,取得原始凭证 1 张。

存货盘盈盘亏报告表

2019 年 12 月 31 日   单位:元

编号	品名	单位	账面数量	实存数量	盘盈		盘亏		原因
					数量	金额	数量	金额	
10002	W201	千克	2 178	2 170			8	427.66	管理不善损失
合计								427.66	

审核:洪媚儿   编制:谢小花

业务 14 2019 年 12 月 31 日,取得原始凭证 1 张。

存货盘盈盘亏核销报告表

2019 年 12 月 31 日

编号	品名	单位	账面数量	实存数量	盘盈		盘亏		原因
					数量	金额	数量	金额	
10002	W201	千克	2 178	2 170			8	427.66	管理不善损失
	合计							427.66	

财务部门意见: 盘亏全部计入费用。 洪媚儿 2019 年 12 月 31 日	保管部门意见: 同意 陈小雨 2019 年 12 月 31 日	公司领导意见: 同意 张艳辉 2019 年 12 月 31 日

业务 15 2019 年 12 月 31 日,取得原始凭证 1 张。

中国建设银行客户专用回单

币别:人民币   2019 年 12 月 31 日   流水号:110120027J0500810015

付款人	全 称	北京恒盛有限公司	收款人	全 称	银行承兑汇票到期收款户
	账 号	41622124077014		账 号	10132062883626101 40937
	开户行	中国建设银行北京市东城区支行		开户行	中国建设银行北京市东城区支行
金 额	人民币(大写) 伍万捌仟伍佰元整				(小写)¥58 500.00
凭证种类	银行承兑汇票		凭证号码		1087655555614820
结算方式	转账		用途		转账支取

打印柜员:110125584257
打印机构:中国建设银行北京市东城区支行
打印卡号:41497202777966

(中国建设银行 电子回单 专用章)

打印时间:2019-12-31   交易柜员:110125584268   交易机构:110110545

业务 16 2019 年 12 月 31 日,取得原始凭证 1 张。

材料暂估入库清单

2019 年 12 月 31 日

材料名称	合同号	供货单位	数量(千克)	合同单价(不含税)	合同金额(不含税)	入库日期
Q101	20191263	常州顺华服饰有限公司	1 000	30.00	30 000.00	2019-12-31
合计					30 000.00	

审核:洪媚儿   编制:谢小花

业务 17 2019年12月31日,取得原始凭证2张。

发出材料单位成本计算表
2019年12月31日　　　　　　　　　　　　　　　　　　　　　单位:元

材料名称	单位	期初		本期入库		发出材料单价
		数量	金额	数量	金额	
Q101	千克	3 000.00	66 000.00	2 100	63 143.1	25.32
W201	千克	5 000.00	225 000.00	792	39 656.9	45.69
合计			291 000.00		102 800.00	

审核:洪媚儿　　　　　　　　　　　　　　　　　　　　　　编制:谢小花

原材料发出汇总表
2019年12月31日　　　　　　　　　　　　　　　　　　　　　单位:元

领料部门	领料用途	产品	Q101		W201		合计
			数量(千克)	金额	数量(千克)	金额	
生产车间	生产产品直接领用	甲	3 000	75 960.00	1 500	68 535.00	144 495.00
生产车间	生产产品直接领用	乙	1 200	30 384.00	2 000	91 380.00	121 764.00
生产车间	机物料消耗		100	2 532.00			2 532.00
合计				108 876.00		159 915.00	268 791.00

审核:洪媚儿　　　　　　　　　　　　　　　　　　　　　　编制:谢小花

业务 18 2019年12月31日,取得原始凭证1张。

周转材料(包装物)发出汇总表
2019年12月31日　　　　　　　　　　　　　　　　　　　　　单位:元

领料部门	领料用途	产品	包装箱		合计
			数量(个)	金额	
生产车间	生产产品直接领用	甲	50	500.00	500.00
销售门市	销售产品不单独计价		10	100.00	100.00
合计				600.00	600.00

审核:洪媚儿　　　　　　　　　　　　　　　　　　　　　　编制:谢小花

业务 19 2019年12月31日,取得原始凭证2张。

产品工时明细表
2019年12月31日

生产部门	产品	生产工时(小时)
生产车间	甲	2 000
生产车间	乙	1 200
合计		3 200

审核:洪媚儿　　　　　　　　　　　　　　　　　　　　　　编制:谢小花

制造费用分配表
2019 年 12 月 31 日　　　　　　　　　　　　　　　　　单位:元

生产部门	产品	分配标准（工时）	分配率	分配金额
生产车间	甲	2 000	0.791 3	1 582.60
生产车间	乙	1 200	0.791 3	949.40
合计		3 200		2 532.00

审核:洪媚儿　　　　　　　　　　　　　　编制:谢小花

业务 20　2019 年 12 月 31 日,取得原始凭证 2 张。

产品产量明细表
2019 年 12 月 31 日　　　　　　　　　　　　　　　　　单位:件

生产部门	产品	本月产品完工产量	本月产品入库数量
生产车间	甲	1 500	1 500
生产车间	乙	1 000	1 000

审核:洪媚儿　　　　　　　　　　　　　　编制:谢小花

产品成本计算表
2019 年 12 月 31 日　　　　　　　　　　　　　　　　　单位:元

产品生产车间	产品	项目	本月生产费用
生产车间	甲	直接材料	144 995.00
		制造费用	1 582.60
	乙	直接材料	121 764.00
		制造费用	949.40
合计			269 291.00

审核:洪媚儿　　　　　　　　　　　　　　编制:谢小花

业务 21　2019 年 12 月 31 日,取得原始凭证 2 张。

单位产品成本计算单
2019 年 12 月 31 日　　　　　　　　　　　　　　　金额单位:元

产品名称	期初结存		本期入库		单位成本
	数量（件）	金额	数量（件）	金额	
甲	2 500	125 000.00	1 500	146 577.60	67.89
乙	1 500	45 000.00	1 000	122 713.40	67.09
合计		170 000.00		269 291.00	

审核:洪媚儿　　　　　　　　　　　　　　编制:谢小花

销售产品成本结转表

2019 年 12 月 31 日　　　　　　　　　　　　　　　金额单位:元

领用部门	用途	甲		乙		合计
		数量(件)	金额	数量(件)	金额	
销售门市	销售领用	1 200	81 468.00	800	53 672.00	135 140.00
合计			81 468.00		53 672.00	135 140.00

审核:洪媚儿　　　　　　　　　　　　　　　　　编制:谢小花

项目五　固定资产

业务 1　2019 年 12 月 2 日,取得原始凭证 5 张。

待安装设备入库单

供应单位:南通光华有限公司　　2019 年 12 月 02 日　　编号:RK

设备编号	名称	规格	数量(台)		实际成本			
			应收	实收	单价	总价	运杂费	合计
	M 设备		1	1	80 000.00	80 000.00	0.00	80 000.00
备注:								

收货人:钟国钊　　　　　　　　　　　　　　　　　　　　　　交货人:马建民

待安装设备出库单

领用单位:生产车间　　2019 年 12 月 02 日　　编号:CK

设备编号	名称	规格	数量(台)		实际成本
			请领	实发	
	M 设备		1	1	80 000.00
备注:					

领用人:钟国钊　　　　　　　　　　　　　　　　　　　　　　设备管理员:钟国钊

业务 2　2019 年 12 月 2 日,取得原始凭证 2 张。

新增固定资产登记表
2019 年 12 月 02 日

资产名称	种类	单位	数量	购入日期	投入使用日期	使用部门
M 设备	生产设备	台	1	2019-12-02	2019-12-02	生产车间

制表人:谢小花　　　　　　　　　　　　　　　　　　　　　　复核人:洪媚儿

固定资产竣工决算表
2019 年 12 月 02 日　　　　　　　　　　　　　　　　　　单位:元

名称	买价	安装成本	决算总金额
M 设备	80 000.00	1 000.00	81 000.00
财务部门意见: 　　　同意　洪媚儿 　　　2019 年 12 月 02 日		公司领导意见: 　　　同意　张艳辉 　　　2019 年 12 月 02 日	

编制人:钟国钊　　　　　　　　　　　　　　　　使用部门负责人:陆家淇

业务3 2019年12月4日，取得原始凭证3张。

新增固定资产登记表
2019 年 12 月 04 日

资产名称	种类	单位	数量	接受捐赠日期	投入使用日期	使用部门
复印机	电子设备	台	1	2019-12-04	2019-12-04	财务部

制表：谢小花　　　　　　　　　　　　　　　　　　　　　　　　复核人：洪娟儿

业务4 2019年12月6日,取得原始凭证7张。

北京增值税专用发票	No 43753881

购买方：北京恒盛有限公司
纳税人识别号：911101017690690112
地址、电话：北京市东城区王连街楼小路75号 010-61744362
开户行及账号：中国建设银行北京市东城区支行 41622124077014

开票日期：2019年12月06日

货物或应税劳务、服务名称	规格型号	单位	数量	单价	金额	税率	税额
HP电脑		台	5	3 200.00	16 000.00	13%	2 080.00
合　计					¥16 000.00		¥2 080.00

价税合计（大写）　⊗壹万捌仟零捌拾元整　　（小写）¥18 080.00

销售方：中祥销售有限公司
纳税人识别号：91110116945639 7425
地址、电话：北京市怀柔区46街68路24号 010-25354750
开户行及账号：中国建设银行北京市怀柔区支行 41622124173915

收款人：　　　复核：　　　开票人：岳强　　销售方：（发票专用章）

第二联：抵扣联 购买方扣税凭证

北京增值税专用发票	No 43753881

购买方：北京恒盛有限公司
纳税人识别号：911101017690690112
地址、电话：北京市东城区王连街楼小路75号 010-61744362
开户行及账号：中国建设银行北京市东城区支行 41622124077014

开票日期：2019年12月06日

货物或应税劳务、服务名称	规格型号	单位	数量	单价	金额	税率	税额
HP电脑		台	5	3 200.00	16 000.00	13%	2 080.00
合　计					¥16 000.00		¥2 080.00

价税合计（大写）　⊗壹万捌仟零捌拾元整　　（小写）¥18 080.00

销售方：中祥销售有限公司
纳税人识别号：91110116945639 7425
地址、电话：北京市怀柔区46街68路24号 010-25354750
开户行及账号：中国建设银行北京市怀柔区支行 41622124173915

收款人：　　　复核：　　　开票人：岳强　　销售方：（发票专用章）

第三联：发票联 购买方记账凭证

中国建设银行
转账支票存根
10501141

附加信息 付款行账号：
41622124077014

出票日期 2019 年 12 月 06 日
收款人：中祥销售有限公司
金　额：¥18 080.00
用　途：支付设备款

单位主管　　　会计

新增固定资产登记表

2019 年 12 月 06 日

资产名称	种类	单位	数量	购入日期	投入使用日期	使用部门
HP 电脑	电子设备	台	5	2019-12-06	2019-12-06	办公室

制表人：谢小花　　　　　　　　　　复核人：洪媚儿

业务5 2019年12月7日,取得原始凭证4张。

新增固定资产登记表

2019年12月07日

资产名称	种类	单位	数量	接受投资日期	投入使用日期	使用部门
生产线	生产设备	条	1	2019-12-07	2019-12-07	生产车间

制表人:谢小花　　　　　　　　　　　　　复核人:洪媚儿

股东会决议

经全体股东审议,将本公司注册资本由2 000 000.00元增加至3 582 000.00元,一致通过如下决议:

一、增资股东身份情况

(略)

二、增资股东出资情况

股东名称	认缴新增注册资本	认缴比例	实际出资金额	实际出资额占全体股东出资	出资到位日期	出资方式
恬程电子科技有限公司	1 582 000.00		1 582 000.00	45.02%	2019-12-07	实物

三、增资后各股东持股比例

股东名称	实际出资情况			
	变更前		变更后	
	金额	所占份额	金额	所占份额

股东代表签字:朱雅颜　张叶

2019年12月07日

北京增值税专用发票

1101161140　　No 17782729

开票日期:2019年12月07日

购买方	名　称:	北京恒盛有限公司		密码区	54*3187<4/+6610<+95-59+7<082 9271<0-->>-6>525<945250->7*7 87*3187<4/+8490<+15645037179 1+<712/<1+9016>0727++<94>376		
	纳税人识别号:	911101017690690112					
	地址、电话:	北京市东城区王连街楼小路75号 010-61744362					
	开户行及账号:	中国建设银行北京市东城区支行 41622124077014					

货物或应税劳务、服务名称	规格型号	单位	数量	单价	金额	税率	税额
生产线		条	1	1 400 000.00	1 400 000.00	13%	182 000.00
合　计					¥1 400 000.00		¥182 000.00

价税合计(大写)　⊗壹佰伍拾捌万贰仟元整　　(小写)¥1 582 000.00

销售方	名　称:	恬程电子科技有限公司
	纳税人识别号:	911101121289238104
	地址、电话:	北京市通州区21街58路30号 010-27140209
	开户行及账号:	中国建设银行北京市通州区支行 41622124074744

收款人:　　　　复核:　　　　开票人:车福林　　　销售方:(章)

北京增值税专用发票

发票代码：1101161140
发票号码：17782729
开票日期：2019年12月07日

购买方
- 名称：北京恒盛有限公司
- 纳税人识别号：91110101769069012
- 地址、电话：北京市东城区王连街楼小路75号 010-61744362
- 开户行及账号：中国建设银行北京市东城区支行 41622124077014

密码区：
54*3187</4/+6610<+95-59>+7<082
9271<0-->>-6>525<945250->7*7
87*3187</4/+8490<+15645037179
1+<712/<1+9016>0727++>84>376

货物或应税劳务、服务名称	规格型号	单位	数量	单价	金额	税率	税额
生产线		条	1	1 400 000.00	1 400 000.00	13%	182 000.00
合计					¥1 400 000.00		¥182 000.00

价税合计（大写）：壹佰伍拾捌万贰仟元整　（小写）¥1 582 000.00

销售方
- 名称：恬程电子科技有限公司
- 纳税人识别号：91110112128923810
- 地址、电话：北京市通州区21街58路30号 010-27140209
- 开户行及账号：中国建设银行北京市通州区支行 41622124574744

收款人： 复核： 开票人：车福林 销售方：（章）

业务6 2019年12月8日，取得原始凭证2张。

中国建设银行客户专用回单

币别：人民币　　2019年12月08日　　流水号：110120027J0500810074

付款人 全称	北京欣华阳线材有限公司	收款人 全称：北京恒盛有限公司
账号	41622124292959	账号：41622124077014
开户行	中国建设银行北京市西城区支行	开户行：中国建设银行北京市东城区支行

金额（大写）：人民币 伍仟肆佰伍拾元整　（小写）¥5 450.00

凭证种类：网银　　凭证号码：
结算方式：转账　　用途：转账

打印柜员：110125584257
打印机构：中国建设银行北京市东城区支行
打印卡号：105053109202

打印时间：2019-12-08　交易柜员：110125584268　交易机构：110110500541152876

北京增值税专用发票

发票代码：1101161140
开票日期：2019年12月08日

购买方
- 名称：北京欣华阳线材有限公司
- 纳税人识别号：911101025253823356
- 地址、电话：北京市西城区89街61路83号 010-25405235
- 开户行及账号：中国建设银行北京市西城区支行 41622124292959

密码区：
65*3187</4/+9291<+95-59>+7<310
7043<0-->>-6>525<476353->7*7
87*3187</4/+8490<+85861564060
9+<712/<1+9016>3289++>84>234

货物或应税劳务、服务名称	规格型号	单位	数量	单价	金额	税率	税额
05月房屋租赁费		月	1	5 000.00	5 000.00	9%	450.00
合计					¥5 000.00		¥450.00

价税合计（大写）：伍仟肆佰伍拾元整　（小写）¥5 450.00

销售方
- 名称：北京恒盛有限公司
- 纳税人识别号：91110101769069012
- 地址、电话：北京市东城区王连街楼小路75号 010-61744362
- 开户行及账号：中国建设银行北京市东城区支行 41622124077014

收款人： 复核： 开票人：谢小花 销售方：（章）

业务7 2019年12月10日,取得原始凭证4张。

中国建设银行
转账支票存根
10501143
附加信息 付款行账号:
41622124077014
出票日期 2019 年 12 月 10 日
收款人:无锡荣光钢铁有限公司
金额:¥31 640.00
用途:支付工程物资款
单位主管　会计

3202161140　江苏 增值税专用发票　No 63389467

抵扣联　江苏　　　　　　　　开票日期:2019年12月10日

购买方	名称:北京恒盛有限公司	密码区	82*3187<4/+9387<+95-59+7<488 4331<0-->>-6>525<351030->7*7 87*3187<4/+8490<+46287590291 3+<712/<1+9016>3729++>84>265
	纳税人识别号:911101017690690112		
	地址、电话:北京市东城区王连街楼小路75号 010-61744362		
	开户行及账号:中国建设银行北京市东城区支行 41622124077014		

货物或应税劳务、服务名称	规格型号	单位	数量	单价	金额	税率	税额
油漆		千克	2 000	14.00	28 000.00	13%	3 640.00
合　计					¥28 000.00		¥3 640.00
价税合计（大写）	⊗叁万壹仟陆佰肆拾元整				（小写）¥31 640.00		

销售方	名称:无锡荣光钢铁有限公司	备注
	纳税人识别号:913202029602430765	
	地址、电话:江苏省无锡市崇安区23街27路14号 0510-30259347	
	开户行及账号:中国建设银行无锡崇安区支行 41622124941606	

收款人:　　　复核:　　　开票人:霍素君　　　销售方:（发票专用章）

3202161140　江苏 增值税专用发票　No 63389467

发票联　江苏　　　　　　　　开票日期:2019年12月10日

购买方	名称:北京恒盛有限公司	密码区	82*3187<4/+9387<+95-59+7<488 4331<0-->>-6>525<351030->7*7 87*3187<4/+8490<+46287590291 3+<712/<1+9016>3729++>84>265
	纳税人识别号:911101017690690112		
	地址、电话:北京市东城区王连街楼小路75号 010-61744362		
	开户行及账号:中国建设银行北京市东城区支行 41622124077014		

货物或应税劳务、服务名称	规格型号	单位	数量	单价	金额	税率	税额
油漆		千克	2 000	14.00	28 000.00	13%	3 640.00
合　计					¥28 000.00		¥3 640.00
价税合计（大写）	⊗叁万壹仟陆佰肆拾元整				（小写）¥31 640.00		

销售方	名称:无锡荣光钢铁有限公司	备注
	纳税人识别号:913202029602430765	
	地址、电话:江苏省无锡市崇安区23街27路14号 0510-30259347	
	开户行及账号:中国建设银行无锡崇安区支行 41622124941606	

收款人:　　　复核:　　　开票人:霍素君　　　销售方:（发票专用章）

入 库 单

2019 年 12 月 10 日　　　　　　　　　　　编号 RK

产品编号	名称	规格	计量单位	数量	单位成本	金额	备注
	油漆		千克	2 000			用于 2019-10-26 建设的厂房

交库人：节银国　　　　　　　　　　　　　　收货人：陈小雨

业务 8　2019 年 12 月 12 日，取得原始凭证 10 张。

中华人民共和国税收缴款书（契税专用）

填发日期：2019年12月12日　　　　　　　　　　　　26273735

税务机关：北京市昌平区税务局契税所

纳税人识别号	911101017690690112	纳税人名称		北京恒盛有限公司	
土地、房屋	办公楼	成交面积		100平方米	用途	办公
地址	北京市昌平区周国街宗建路80号				
税种	品目名称	计税依据	税率或单位税额	减免税额	税款所属时期	实缴金额
契税	房屋买卖	1 860 000.00	3%		2019-12-12	55 800.00
金额合计	人民币伍万伍仟捌佰元整				￥55 800.00
（盖章：北京市昌平区税务局 税务机关 征税专用章）		填票人：陈思（盖章）		契税征收（013）000005337370 房地产交易契税申报 10494850087261370000 人民银行昌平区市级金库	

第一联

新增固定资产登记表

2019年12月12日

资产名称	种类	单位	数量	购入日期	投入使用日期	使用部门
办公楼	房屋及建筑物	平方米	100	2019-12-12	2019-12-12	财务部

制表人：谢小花　　　　　　　　　　　　　复核人：洪媚儿

经理办公会议纪要

因业务拓展需要，拟购买北京市昌平区周国街宗建路80号办公楼一套。

参加人员：洪媚儿　张艳辉　王小欣

2019年12月10日

中国建设银行 转账支票存根 10501144
附加信息 付款行账号：41622124077014
出票日期 2019年12月12日
收款人：长鸿房地产开发有限公司
金　额：￥57 680.00
用　途：支付税费
单位主管　会计

中国建设银行 转账支票存根 10501145
附加信息 付款行账号：41622124077014
出票日期 2019年12月12日
收款人：长鸿房地产开发有限公司
金　额：￥2 027 400.00
用　途：购买不动产
单位主管　会计

中华人民共和国印花税票销售凭证

填发日期：2019 年 12 月 12 日　　　　印字 44096318 号

购买单位	北京恒盛有限公司	购买人		
购买印花税票					

面值种类	数量	金额	面值种类	数量	金额
壹角票			伍元票		
贰角票			拾元票	3	30.00
伍角票			伍拾元票		
壹元票			壹百元票	9	900.00
贰元票			总计		930.00

金额总计(大写)：零佰零拾零万零仟玖佰叁拾零元零角零分

销售单位 征税专用章（盖章）	售票人 董莉 （盖章）	备注

撕毁、涂改号码无效

第二联（收据）购票单位作报销凭证

北京市政府非税收入一般缴款书

财准印 008 号　　No 13167024

执收单位代码：110034
执收单位名称：北京市不动产登记中心　　　　收款日期：2019 年 12 月 12 日

缴款人	全称	北京恒盛有限公司	收款人	全称	北京市政府非税收入专户	流水号	00026861
	账号	41622124077014		账号	41001956110097		
	开户银行	中国建设银行北京市东城区支行		开户银行	中国建设银行北京市昌平区支行		

代理银行网点代码　046　　开票方式　　　缴款方式

项目执行码	收费项目名称	单位	标准	数量	金额(小写)
1670	土地登记费	本	100.00	1	￥100.00
1542	房屋登记费	件	550.00	1	￥550.00
合计人民币(大写) 陆佰伍拾元整					￥650.00

备注

执收单位(盖章)：　　　　　　　　　　　　　经办人：宋玉生

非税收入管理中心监制

第二联　收据联　复核　记账　开户行签章

经济业务相关凭证

北京市政府非税收入一般缴款书

财准印 002 号　No 29238948

执收单位代码：110034

执收单位名称：北京市不动产登记中心　　　收款日期：2019 年 12 月 12 日

缴款人	全称	北京恒盛有限公司	收款人	全称	北京市政府非税收入专户	流水号	00033827
	账号	41622124077014		账号	41001956110097		
	开户银行	中国建设银行北京市东城区支行		开户银行	中国建设银行北京市昌平区支行		

代理银行网点代码	046	开票方式		缴款方式		
项目执行码	收费项目名称	单位	标准	数量	金额（小写）	复核
3771	交易手续		3.00	100	￥300.00	记账
合计人民币（大写）叁佰元整					￥300.00	开户行签章
备注						
执收单位（盖章）：					经办人：姜小平	

非税收入管理中心监制　　第二联 收据联

业务 9　2019 年 12 月 13 日，取得原始凭证 3 张。

业务10 2019年12月15日,取得原始凭证4张。

中国建设银行 电汇凭证

币别：人民币　　　　2019 年 12 月 15 日　　流水号：110120027J0500810026

汇款方式	☑普通　　□加急		
汇款人 全称	北京恒盛有限公司	收款人 全称	腾飞安装维修有限公司
账号	41622124077014	账号	41622124666354
汇出地点	省 北京　市/县	汇入地点	省 北京　市/县
汇出行名称	中国建设银行北京市东城区支行	汇入行名称	中国建设银行北京市石景山区支行

金额：人民币（大写）柒万陆仟叁佰元整　　￥76 300.00

支付密码 7516-3059-7005-6218

附加信息及用途：支付装修费

（中国建设银行北京市东城区支行 2019-12-15 转讫(01)）

（北京恒盛有限公司 财务专用章）

客户签章：朱雅颜

会计主管　　授权　　复核　　录入

第一联 银行记账凭证

房屋租赁合同

承租方：__北京恒盛有限公司__（以下简称甲方）

出租方：__佳佳不动产有限公司__（以下简称乙方）

为明确双方权利和义务，经协商一致，订立本合同：

第一条　房屋基本情况。

1. 乙方出租给甲方的房屋位于：__江苏省南京市玄武区焦生街金启路21号__
2. 出租房屋面积共 __3 000__ 平方米（使用面积）。

第二条　租赁期限、用途。

1. 该房租赁共 __5__ 年。自 __2019-10-15__ 起至 __2024-10-15__ 止。
2. 用途：__办公__。

第三条　租金及支付方式。

该房每月租金为 __120 000__ 元（大写 __壹拾贰万元整__ ）。

……

第十八条　本合同及附件一式两份，由甲、乙双方各执一份，具有同等法律效力。

甲方：__北京恒盛有限公司__　　　　乙方：__佳佳不动产有限公司__

签约代表：__张艳辉__　　　　　　　签约代表：__柳玉华__

签约日期：__2019-10-15__　　　　　签约日期：__2019-10-15__

业务 11　2019 年 12 月 20 日,取得原始凭证 11 张。

机动车销售统一发票
发票联

发票代码 111011720002
发票号码 10941874

开票日期 2019年05月20日

机打代码	111011720002	税控码	
机打号码	10941874		
机器编号			

购买方名称及身份证号码/组织机构代码	北京恒盛有限公司	纳税人识别号	911101017690690112
车辆类型	轿车	厂牌型号	产地 北京市
合格证号	GWD046558365069	进口证明书号	商检单号
发动机号码	P450785	车辆识别代号/车架号码	LVGBM51K5FG630031
价税合计	⊗贰拾肆万捌仟陆佰元整		小写 ¥248 600.00
销货单位名称	罗钻汽车销售有限公司	电话	010-69510555
纳税人识别号	911101136572055338	账号	41622124399837
地址	北京市顺义区95街07路31号	开户银行	中国建设银行北京市顺义区支行
增值税税率或征收率	13%	增值税税额 ¥28 600.00	主管税务机关及代码 北京市顺义区税务局 1110113
不含税价	小写 ¥220 000.00	完税凭证号码	吨位 0　限乘人数 5

销货单位盖章　　开票人:董俊明　　备注:一车一票

(加盖:罗钻汽车销售有限公司 911101136572055338 发票专用章)

第一联 发票联(购货单位付款凭证)(手开无效)

机动车销售统一发票
发票联

发票代码 111011720002
发票号码 10941874

开票日期 2019年05月20日

机打代码	111011720002	税控码	
机打号码	10941874		
机器编号			

购买方名称及身份证号码/组织机构代码	北京恒盛有限公司	纳税人识别号	911101017690690112
车辆类型	轿车	厂牌型号	产地 北京市
合格证号	GWD046558365069	进口证明书号	商检单号
发动机号码	P450785	车辆识别代号/车架号码	LVGBM51K5FG630031
价税合计	⊗贰拾肆万捌仟陆佰元整		小写 ¥248 600.00
销货单位名称	罗钻汽车销售有限公司	电话	010-69510555
纳税人识别号	911101136572055338	账号	41622124399837
地址	北京市顺义区95街07路31号	开户银行	中国建设银行北京市顺义区支行
增值税税率或征收率	13%	增值税税额 ¥28 600.00	主管税务机关及代码 北京市顺义区税务局 1110113
不含税价	小写 ¥220 000.00	完税凭证号码	吨位 0　限乘人数 5

销货单位盖章　　开票人:董俊明　　备注:一车一票

(加盖:罗钻汽车销售有限公司 911101136572055338 发票专用章)

第二联 抵扣联(购货单位扣税凭证)(手开无效)

北京市政府非税收入一般缴款书

财准印 2019 号　　NO.05604708

执收单位代码：081675

执收单位名称：北京市公安局交通巡逻警察支队　　收款日期：2019 年 12 月 20 日

缴款人	全称	北京恒盛有限公司		收款人	全称	北京市政府非税收入专户	流水号	00001358
	账号	41622124077014			账号	41001432100111		
	开户银行	中国建设银行北京市东城区支行			开户银行	中国建设银行北京市东城区支行		

代理银行网点代码		开票方式		缴款方式		

项目执行码	收费项目名称	单位	标准	数量	金额（小写）	
0675	机动车号牌工本费		汽车号牌(反光)100.00元	1	100.00	复核
0677	机动车行驶证工本费		机动车行驶证15.00元	1	15.00	记账
0684	机动车登记证书工本费		非机动车证书工本费10.00元	1	10.00	开户行签章
合计人民币（大写）壹佰贰拾伍元整					￥125.00	
备注：						

执收单位（盖章）：　　　　　　　　　　　　　　　　经办人：胡俊刚

中华人民共和国印花税票销售凭证

填发日期：2019 年 12 月 20 日　　印字 50407397 号

购买单位	北京恒盛有限公司			购买人		
购买印花税票						
面值种类	数量	金额		面值种类	数量	金额
壹角票				伍元票	1	5.00
贰角票				拾元票	1	10.00
伍角票				伍拾元票	1	50.00
壹元票	1	1.00		壹百元票		
贰元票				总计		66.00
金额（大写）：零佰零拾零万零仟零佰陆拾陆元零角零分						

销售单位　　征税专用章（盖章）　　售票人　杨战国（盖章）　　备注

中华人民共和国税收通用缴款书

校验码：0618321
税缴电：No.09105511

纳税人编码：769069011
隶属关系：区
注册类型：有限责任公司
填发日期：2019 年 12 月 20 日
征收机关：北京市税务局车辆购置税征收管理分局

缴款单位（人）	代码	911101017690690112	预算科目	编码	1011601
	全称	北京恒盛有限公司		名称	车辆购置税
	开户银行	中国建设银行北京市东城区支行		级次	中央 100%
	账号	41622124077014	收款国库		国家金库北京市东城区支库

税款所属时期 2019 年 12 月 20 日至 2019 年 12 月 31 日　税款限缴时期 2020 年 02 月 18 日

品目名称	课税数量	计税金额或销售收入	税率或单位税额	已缴或扣除额	实缴金额
车辆购置税		220 000.00	10%		22 000.00

金额合计	（大写）人民币贰万贰仟元整	￥22 000.00

缴款单位（人）　上列款项已收妥并划转至收款单位（人）作完税凭证
经办人（章）征税专用填票人（章）　国库（银行）盖章　　年　月　日

逾期不缴按税法规定加收滞纳金。

新增固定资产登记表

2019 年 12 月 20 日

资产名称	种类	单位	数量	购入日期	投入使用日期	使用部门
轿车	运输工具	辆	1	2019-05-20	2019-12-20	办公室

制表人：谢小花　　　　　　　　　　　　　　复核人：洪媚儿

1101161140　北京增值税专用发票　No 14038735

开票日期：2019年12月20日

购买方	名称：北京恒盛有限公司	密码区	28*3187<4/+0695<+95-59+7<652
	纳税人识别号：911101017690690112		4307<0-->-6>525<581198->7*7
	地址、电话：北京市东城区王连街楼小路75号 010-61744362		87*3187<4/+8490<+31824556000
	开户行及账号：中国建设银行北京市东城区支行 41622124077014		4+<712/<1+9016>0896++>84>675

货物或应税劳务、服务名称	规格型号	单位	数量	单价	金额	税率	税额
交强险		年	1	950.00	950.00	6%	57.00
合计					￥950.00		￥57.00

价税合计（大写）　壹仟零柒元整　　　　　　（小写）￥1007.00

销售方	名称：北京平安保险股份有限公司	备注	保单号：767985946351201711793 车牌号：京A74199 车船税：360.00 受益期：2020年01月01日至2020年12月31日
	纳税人识别号：911101011449279991		
	地址、电话：北京市东城区李博街王军路37号 010-89234561		
	开户行及账号：中国建设银行北京市东城区支行 41671222228573		

收款人：　　　　复核：　　　　开票人：刘金霞　　　销售方：（章）

业务12 2019年12月21日,取得原始凭证1张。

固定资产处置申请单

2019年12月21日　　　　　　　　　　　　　　　　　　　金额单位:元

固定资产名称	A	单位	台	型号		数量	1
资产编号	GDZC001	停用时间	2019-12-21	投入使用时间	2014-11-07	使用部门	生产车间
已提折旧月数	60	原值	100 000.00	累计折旧		48 000.00	
有效使用年限(年)	10	月折旧额	800.00	净值		52 000.00	
处置原因:毁损报废							
财务部门意见: 同意报废　　　　洪媚儿 2019年12月21日				公司领导意见: 同意报废　　　　张艳辉 2019年12月21日			

编制人:钟国钊　　　　　　　　　　　使用部门负责人:陆家淇

业务13 2019年12月21日,取得原始凭证2张。

		北京 增值税专用发票 北京		№		1101161140	
1101161140		此联不作为报销务总凭证使用				开票日期:2019年12月21日	
购买方	名　称:北京市物资回收有限公司 纳税人识别号:911101017690690118 地　址、电　话:北京市东城区庞勒街曹国路96号　010-55599200 开户行及账号:中国建设银行北京市东城区支行 41622141423768				密码区	48*3187<4/+9723<+95-59+7<505 1296<0-->>-6>525<192618->7*7 87*3187<4/+8490<+61033944586 0+<712/<1+9016>3191++>84>600	
货物或应税劳务、服务名称	规格型号	单位	数量	单价	金额	税率	税额
A		台	1	5 000.00	5 000.00	13%	650.00
合　　计					￥5 000.00		￥650.00
价税合计(大写)		⊗伍仟陆佰伍拾元整				(小写) ￥5 650.00	
销售方	名　称:北京恒盛有限公司 纳税人识别号:911101017690690112 地　址、电　话:北京市东城区王连街楼小路75号　010-61744362 开户行及账号:中国建设银行北京市东城区支行 41622124077014				备注		
收款人:		复核:		开票人:谢小花		销售方:(章)	

中国建设银行 进账单(收账通知) 3
2019年12月21日

出票人	全称	北京市物资回收有限公司	收款人	全称	北京恒盛有限公司
	账号	41622141423768		账号	41622124077014
	开户银行	中国建设银行北京市东城区支行		开户银行	中国建设银行北京市东城区支行

金额	人民币（大写）	伍仟陆佰伍拾元整	亿千百十万千百十元角分
			¥ 5 6 5 0 0 0

票据种类	转账支票	票据张数	1
票据号码	1050112625581641		

中国建设银行
北京市东城区支行
2019-12-21
办讫
(01)

复核　　记账　　　　　开户银行签章

此联是收款人开户银行交给收款人的收账通知

业务14 2019年12月21日,取得原始凭证1张。

固定资产处置结果表
2019年12月21日

固定资产名称	A	原价		已提折旧	
净值		出售价格(不含税)		清理费用	
出售净损益					
财务部门意见： 净损益按《企业会计准则》处理。　洪媚儿　　　　2019年12月21日			公司领导意见： 同意　张艳辉　　　　2019年12月21日		

业务15 2019年12月23日,取得原始凭证1张。

固定资产处置申请单
2019年12月23日　　　　　　　　　　　　　金额单位:元

固定资产名称：	T	单位	台	型号		数量	1
资产编号	GDZC02	停用时间	2019-12-23	投入使用时间	2017-03-07	使用部门	生产车间
已提折旧月数	32	原值	50 000.00	累计折旧		12 800.00	
有效使用年限(年)	10	月折旧额	400.00	净值		37 200.00	
处置原因:对外捐赠							
财务部门意见： 同意对外捐赠　　　　洪媚儿　　　　2019年12月23日				公司领导意见： 同意对外捐赠　　　　张艳辉　　　　2019年12月23日			

编制人:钟国钊　　　　　　　　　　使用部门负责人:陆家淇

业务16 2019年12月23日,取得原始凭证1张。

北京增值税专用发票

1101161140
开票日期:2019年12月23日

购买方	名称: 加加纺织有限公司 纳税人识别号: 91110115748945057I 地址、电话: 北京市大兴区14街18路37号 010-33252943 开户行及账号: 中国建设银行北京市大兴区支行 41622124517212	密码区	73*3187<4/+0883<+95-59+7<018 5364<0-->-6>525<521014->7*7 87*3187<4/+8490<+59309515203 0+<712</1+9016>0300++>84>583

货物或应税劳务、服务名称	规格型号	单位	数量	单价	金额	税率	税额
T		台	1	26 000.00	26 000.00	13%	3 380.00
合　计					¥26 000.00		¥3 380.00

价税合计(大写) ⊗贰万玖仟叄佰捌拾元整　　　　(小写) ¥29 380.00

销售方	名称: 北京恒盛有限公司 纳税人识别号: 911101017690690112 地址、电话: 北京市东城区王连街楼小路75号 010-61744362 开户行及账号: 中国建设银行北京市东城区支行 41622124077014	备注	

收款人:　　　　复核:　　　　开票人:谢小花　　　　销售方:(章)

业务17 2019年12月30日,取得原始凭证1张。

固定资产折旧表

2019年12月30日　　　　　　　　　　金额单位:元

固定资产类别	使用部门	名称	单位	数量	单位成本	原值	投入使用日期	预计使用年限	月折旧率	本月折旧额
运输工具	办公室	长城轿车	辆	1	180 000.00	180 000.00	2017-09-22	15		
房屋及建筑物	销售门市	办公楼	平方米	60	100 000.00	6 000 000.00	2015-09-10	20		
电子设备	财务部	hp电脑	台	4	3 500.00	14 000.00	2018-03-16	3		
合计						6 194 000.00				

审核:　　　　　　　　　　　　　　　　编制:

业务18 2019年12月31日,取得原始凭证1张。

固定资产盘盈盘亏报告表

2019年12月31日　　　　　　　　　　金额单位:元

类别	名称规格	单位	存放地点	账面数量	实物数量	盘盈		盘亏			原因
						数量	重置成本	数量	原值	已提折旧	月折旧额	
电子设备	电脑	台	采购部	11	10			1	3 000.00	960.00	48.00	丢失被盗 进项税 已抵扣
合计									¥3 000.00	¥960.00		

使用部门:采购部　　　　　　会计:谢小花　　　　　　主管:

业务 19　2019 年 12 月 31 日,取得原始凭证 1 张。

固定资产盘亏核销报告表
2019 年 12 月 31 日

固定资产名称	单位	盘亏			盘亏原因
		数量	原值	已提折旧	
电脑	台	1	3 000.00		丢失被盗

财务部门意见： 责任人(卢志城)赔偿 20.00％,公司承担 30.00％,北京平安保险股份有限公司赔偿 50％。 洪媚儿 2019 年 12 月 31 日	保管部门意见： 同意。 陆家淇 2019 年 12 月 31 日	公司领导意见： 同意。 张艳辉 2019 年 12 月 31 日

项目六　其 他 资 产

业务 1　2019 年 12 月 4 日,取得原始凭证 4 张。

新增无形资产登记表
2019 年 12 月 04 日

资产名称	种类	单位	数量	购入日期	投入使用日期	使用部门
商标C	商标权	套	1	2019-12-04	2019-12-04	办公室

制表人:谢小花　　　　　　　　　　　　　　复核人:洪媚儿

江苏增值税专用发票 No 83675039

开票日期：2019年12月04日

购买方	名称：北京恒盛有限公司
	纳税人识别号：91110101769069O112
	地址、电话：北京市东城区王连街楼小路75号 010-61744362
	开户行及账号：中国建设银行北京市东城区支行 41622124077014

密码区：
21*3187<4/+5252<+95-59+7<132
5650<0-->-6>525<077020->7*7
87*3187<4/+8490<+12627916204
2+<712/<1+9016>5844++>84>416

货物或应税劳务、服务名称	规格型号	单位	数量	单价	金额	税率	税额
商标C		套	1	10 000.00	10 000.00	6%	600.00
合计					¥10 000.00		¥600.00

价税合计（大写）： 壹万零陆佰元整　　　　　¥10 600.00

销售方	名称：南京丰益有限公司
	纳税人识别号：913201156443123367
	地址、电话：江苏省南京市江宁区程刚街刘平路17号 025-64600182
	开户行及账号：中国建设银行南京市江宁区支行 41622124871585

备注：南京丰益有限公司 913201156443123367 发票专用章

收款人：　　　复核：　　　开票人：赵海飞　　　销售方：

中国建设银行
转账支票存根
10501148

附加信息 付款行账号：
41622124077014
出票日期 2019 年 12 月 04 日
收款人：南京丰益有限公司
金　额：¥10 600.00
用　途：购入无形资产
单位主管　会计

业务2　2019年12月5日，取得原始凭证4张。

经理办公会议纪要

经公司经营会议研究决定，我司决定将位于北京市东城区王连街楼小路75号厂房出租，该资产的原值为200 000.00元，已提折旧月数12个月，累计已计提折旧额9 600.00元，已提减值准备0.00元。该资产于2019年12月03日起不再自用。

参加人员：洪媚儿　王小欣　张艳辉

2019 年 12 月 03 日

固定资产处置申请单
2019 年 12 月 05 日　　　　　　金额单位:元

固定资产名称	厂房	单位	平方米	型号		数量	1
资产编号	GWSR011	停用时间	2019-12-05	投入使用时间	2018-11-01	使用部门	生产车间
已提折旧月数	12	原值	200 000.00	累计折旧		9 600.00	
有效使用年限(年)	20	月折旧额	800.00	净值		190 400.00	
处置原因:资产作出租使用							
财务部门意见: 同意出租　　　　洪媚儿 2019 年 12 月 05 日				公司领导意见: 同意出租　　　　张艳辉 2019 年 12 月 05 日			

编制人:钟国钊　　　　　　　　　　　　使用部门负责人:陆家淇

房屋租赁合同

承租方:__华信传媒服务有限公司__(以下简称甲方)

出租方:__北京恒盛有限公司__(以下简称乙方)

为明确双方权利义务,经协商一致,订立本合同:

第一条　房屋基本情况。

1. 乙方出租给甲方的房屋位于:__北京市东城区王连街楼小路 75 号__

2. 出租房屋面积共__500__平方米(使用面积)。

第二条　租赁期限、用途。

1. 该房租赁共__1__年。自__2019-12-05__起至__2020-12-04__止。

2. 用途:__办公__。

第三条　租金及支付方式。

该房每月租金为 5 000.00 元(大写伍仟元整)。

……

第十八条　本合同及附件一式两份,由甲、乙双方各执一份,具有同等法律效力。

甲方:__华信传媒服务有限公司__　　　乙方:__北京恒盛有限公司__

签约代表:__魏智慧__　　　　　　　　签约代表:张艳辉

签约日期:__2019-12-05__　　　　　　签约日期:__2019-12-05__

新增投资性房地产登记表
2019 年 12 月 05 日

资产名称	种类	单位	数量	购入日期	转换日期	使用部门
厂房	生产设备	平方米	500	2019-11-01	2019-12-05	出租

制表人:谢小花　　　　　　　　　　　　复核人:洪媚儿

业务 3　2019 年 12 月 6 日,取得原始凭证 4 张。

新增无形资产登记表
2019 年 12 月 06 日

资产名称	种类	单位	数量	购入日期	投入使用日期	使用部门
字号 A	专利权	套	1	2019-12-06	2019-12-06	办公室

制表人:谢小花　　　　　　　　　　　　复核人:洪媚儿

业务4 2019年12月7日,取得原始凭证2张。

业务5 2019年12月9日,取得原始凭证4张。

经理办公会议纪要

我司出租的位于北京市东城区王连街楼小路75号办公楼于2019年12月09日到期,该办公楼按公允价值计量模式计价,初始成本为400 000.00元,期初无公允价值变动余额,2019年12月09日市场公允价值为544 000.00元。经公司经营会议研究决定将其收回,于2019年12月09日正式开始作为自用,用于本公司办公和商品生产。

参加人员:洪媚儿　王小欣　张艳辉

2019 年 12 月 07 日

新增固定资产登记表
2019 年 12 月 09 日

资产名称	种类	单位	数量	购入日期	转换日期	使用部门
办公楼	房屋及建筑物	平方米	500	2015-05-10	2019-12-09	办公室

制表人：谢小花　　　　　　　　　　　　复核人：洪媚儿

房屋租赁合同

承租方：　腾飞安装维修有限公司　（以下简称甲方）

出租方：　北京恒盛有限公司　（以下简称乙方）

为明确双方权利和义务，经协商一致，订立本合同：

第一条　房屋基本情况。

1. 乙方出租给甲方的房屋位于：　北京市东城区王连街楼小路 75 号　
2. 出租房屋面积共　500　平方米（使用面积）。

第二条　租赁期限、用途。

1. 该房租赁共　1　年。自　2018-12-08　起至　2019-12-08　止。
2. 用途：　办公　。

第三条　租金及支付方式。

该房租每月租金为 5 000.00 元（大写伍仟元整　）。

……

第十八条　本合同及附件一式两份，由甲、乙双方各执一份，具有同等法律效力。

甲方：　腾飞安装维修有限公司　　　　乙方：　北京恒盛有限公司　
签约代表：朱惠娟　　　　　　　　　　签约代表：张艳辉
签约日期：2018-12-08　　　　　　　　签约日期：2018-12-08

投资性房地产处置申请单
2019 年 12 月 09 日

固定资产名称	办公楼	单位	平方米	型号		数量	1
资产编号	GDZC005	停用时间	2019-12-09	投入使用时间	2015-05-10	使用部门	出租
初始成本	400 000.00	公允价值变动	0.00	账面价值		400 000.00	

处置原因：出租资产转为生产经营用

财务部门意见：	公司领导意见：
同意　　　　　　　　　　洪媚儿 　　　　　　　　　　2019 年 12 月 09 日	同意　　　　　　　　　　张艳辉 　　　　　　　　　　2019 年 12 月 09 日

编制人：谢小花　　　　　　　　　　　　　　　　　　　使用部门负责人：张艳辉

业务6 2019年12月10日，取得原始凭证4张。

新增无形资产登记表
2019年12月10日

资产名称	种类	单位	数量	购入日期	投入使用日期	使用部门
书籍版权	著作权	套	1	2019-12-10	2019-12-10	办公室

制表人：谢小花　　　　　　　　　　　　　　　复核人：洪媚儿

中国建设银行客户专用回单

2019 年 12 月 10 日　　流水号：105005411528475699

币别：人民币

付款人	全　称	北京恒盛有限公司	收款人	全　称	凯旋印务有限公司
	账　号	41622124077014		账　号	41622124113247
	开户行	中国建设银行北京市东城区支行		开户行	中国建设银行大连市西岗区支行
金　额	人民币（大写）	柒仟贰佰零捌元整		（小写）	￥7 208.00
凭证种类	网银		凭证号码		
结算方式	转账		用途	购入无形资产	

打印柜员：110125584257
打印机构：中国建设银行北京市东城区支行
打印卡号：105274304650

（中国建设银行电子回单专用章）

打印时间：2019-12-10　　交易柜员：110125584268　　交易机构：110110500541152865

业务7　2019 年 12 月 11 日，取得原始凭证 2 张。

中国建设银行客户专用回单

2019 年 12 月 11 日　　流水号：110120027J0500810008

币别：人民币

付款人	全　称	加加纺织有限公司	收款人	全　称	北京恒盛有限公司
	账　号	41622124517212		账　号	41622124077014
	开户行	中国建设银行北京市大兴区支行		开户行	中国建设银行北京市东城区支行
金　额	人民币（大写）	壹万零陆佰元整		（小写）	￥10 600.00
凭证种类	电汇凭证		凭证号码		
结算方式	电汇		用途	出租商标权×租金	

打印柜员：110125584257
打印机构：中国建设银行北京市东城区支行
打印卡号：105538298602

（中国建设银行电子回单专用章）

打印时间：2019-12-11　　交易柜员：110125584268　　交易机构：110110500541152881

北京增值税专用发票

1101161140　　　　　　　　　　　　　　　　　　　　　No
此联不作报销凭证使用　　　　　　　　　开票日期：2019年12月11日

购买方	名　称：加加纺织有限公司
	纳税人识别号：91110115748945051
	地址、电话：北京市大兴区14街18路37号 010-33252943
	开户行及账号：中国建设银行北京市大兴区支行 41622124517212

密码区：50*3187<4/+5984<+95-59+7<344
7494<0-->>-6)525<530008-)7*7
87*3187<4/+8490<+87494030261
3+<712/<1+9016>4775++>84)554

货物或应税劳务、服务名称	规格型号	单位	数量	单价	金额	税率	税额
出租商标权×租金（12月）		月	1	10 000.00	10 000.00	6%	600.00
合　计					￥10 000.00		￥600.00
价税合计（大写）	⊗壹万零陆佰元整				（小写）￥10 600.00		

销售方	名　称：北京恒盛有限公司	备注
	纳税人识别号：91110101769069011 2	
	地址、电话：北京市东城区王连街楼小路75号 010-61744362	
	开户行及账号：中国建设银行北京市东城区支行 41622124077014	

收款人：　　　　复核：　　　　开票人：谢小花　　　　销售方：（章）

业务8　2019年12月12日，取得原始凭证11张。

黑龙江增值税专用发票　No 01360976　2301161140 01360976

开票日期：2019年12月12日

购买方	名　称：北京恒盛有限公司 纳税人识别号：911101017690690112 地址、电话：北京市东城区王连楼小路75号　010-61744362 开户行及账号：中国建设银行北京市东城区支行　41622124077014	密码区	81*3187<4/+8239<+95-59+7<288 6117<0-->-6>525<235608->7*7 87*3187<4/+8490<+90805339320 5+<712/<1+9016>0165++>84>146

货物或应税劳务、服务名称	规格型号	单位	数量	单价	金额	税率	税额
办公楼		平方米	80	18 600.00	1 488 000.00	9%	133 920.00
合　计					￥1 488 000.00		￥133 920.00
价税合计（大写）		⊗壹佰陆拾贰万壹仟玖佰贰拾元整					￥1 621 920.00

销售方	名　称：新凯合酒店有限公司 纳税人识别号：912301049172835427 地址、电话：黑龙江省哈尔滨市道外区06街32路72号　0451-63586271 开户行及账号：中国建设银行哈尔滨市道外区支行　41622124257723

收款人：　　复核：　　开票人：杨玉光　　销售方：（发票专用章）

黑龙江增值税专用发票　No 01360976　2301161140 01360976

开票日期：2019年12月12日

购买方	名　称：北京恒盛有限公司 纳税人识别号：911101017690690112 地址、电话：北京市东城区王连楼小路75号　010-61744362 开户行及账号：中国建设银行北京市东城区支行　41622124077014	密码区	81*3187<4/+8239<+95-59+7<288 6117<0-->-6>525<235608->7*7 87*3187<4/+8490<+90805339320 5+<712/<1+9016>0165++>84>146

货物或应税劳务、服务名称	规格型号	单位	数量	单价	金额	税率	税额
办公楼		平方米	80	18 600.00	1 488 000.00	9%	133 920.00
合　计					￥1 488 000.00		￥133 920.00
价税合计（大写）		⊗壹佰陆拾贰万壹仟玖佰贰拾元整					￥1 621 920.00

销售方	名　称：新凯合酒店有限公司 纳税人识别号：912301049172835427 地址、电话：黑龙江省哈尔滨市道外区06街32路72号　0451-63586271 开户行及账号：中国建设银行哈尔滨市道外区支行　41622124257723

收款人：　　复核：　　开票人：杨玉光　　销售方：（发票专用章）

02632220

中华人民共和国税收缴款书（契税专用）

填发日期：2019年12月12日

税务机关　哈尔滨市道外区税务局契税所

纳税人识别号	911101017690690112	纳税人名称	北京恒盛有限公司		
土地、房屋	办公楼	成交面积	80平方米	用途	投资
地址	黑龙江省哈尔滨市道外区邢建街张其路88号				

税种	品目名称	计税依据	税率或单位税额	减免税额	税款所属时期	实缴金额
契税	房屋买卖	1 488 000.00	3%		2019-12-12	44 640.00

金额（人民币）	肆万肆仟陆佰肆拾元整	￥44 640.00

填票人：林杨（盖章）

契税征收
（013）000005389332
房地产交易契税申报
074528913248401050000
人民银行道外区市级金库

新增投资性房地产登记表

2019 年 12 月 12 日

资产名称	种类	单位	数量	购入日期	投入使用日期	使用部门
办公楼	房屋及建筑物	平方米	80	2019-12-12	2019-12-12	出租

制表人:谢小花　　　　　　　　　　　复核人:洪媚儿

经理办公会议纪要

因业务拓展需要,拟购买黑龙江省哈尔滨市道外区邢建街张其路88号办公楼一套,用于出租。

参加人员:洪媚儿　张艳辉　王小欣

2019 年 12 月 10 日

房屋租赁合同

承租方:　华信传媒服务有限公司　（以下简称甲方）

出租方:　北京恒盛有限公司　（以下简称乙方）

为明确双方权利和义务,经协商一致,订立本合同:

第一条　房屋基本情况。

1. 乙方出租给甲方的房屋位于:　黑龙江省哈尔滨市道外区邢建街张其路88号

2. 出租房屋面积共　80　平方米(使用面积)。

第二条　租赁期限、用途。

1. 该房租赁共　1　年。自　2019-12-12　起至　2020-12-12　止。

2. 用途:　投资　。

第三条　租金及支付方式。

该房租每月租金为5 000.00　元(大写伍仟元整　)。

……

第十八条　本合同及附件一式两份,由甲、乙双方各执一份,具有同等法律效力。

甲方:　华信传媒服务有限公司　　　　乙方:　北京恒盛有限公司

签约代表:　高小哲　　　　　　　　　签约代表:　张艳辉

签约日期:　2019-12-12　　　　　　　签约日期:　2019-12-12

中国建设银行客户专用回单

币别:人民币　　　　　2019 年 12 月 12 日　　　流水号:110120027J0500810046

付款人	全　称	北京恒盛有限公司	收款人	全　称	新凯合酒店有限公司
	账　号	41622124077014		账　号	41622124257723
	开户行	中国建设银行北京市东城区支行		开户行	中国建设银行哈尔滨市道外区支行
金　额		人民币(大写)肆万陆仟叁佰叁拾肆元整			(小写)￥46 334.00
凭证种类		网银	凭证号码		
结算方式		转账	用途		支付税费
			打印柜员:110125584257		
			打印机构:中国建设银行北京市东城区支行		
			打印卡号:105476734056		

打印时间:2019-12-12　　　交易柜员:110125584268　　　交易机构:110110500541152846

中国建设银行客户专用回单

币别：人民币　　　　2019 年 12 月 12 日　　流水号：110120027J0500810056

付款人	全称	北京恒盛有限公司	收款人	全称	新凯合酒店有限公司
	账号	41622124077014		账号	41622124257723
	开户行	中国建设银行北京市东城区支行		开户行	中国建设银行哈尔滨市道外区支行

金额	人民币（大写）壹佰陆拾贰万壹仟玖佰贰拾元整	（小写）¥1 621 920.00
凭证种类	网银	凭证号码
结算方式	转账	用途　购买不动产

打印柜员：110125584257
打印机构：中国建设银行北京市东城区支行
打印卡号：105717950464

打印时间：2019-12-12　　交易柜员：110125584268　　交易机构：110110500541152856

中华人民共和国 印花税票销售凭证

填发日期：2019 年 12 月 12 日　　　　印字 17072336 号

购买单位	北京恒盛有限公司	购买人	
购买印花税票			

面值种类	数量	金额	面值种类	数量	金额
壹角票			伍元票		
贰角票			拾元票	4	40.00
伍角票			伍拾元票		
壹元票			壹百元票	7	700.00
贰元票	2	4.00	总计		744.00

金额合计（大写）：零佰零拾零万零仟柒佰肆拾肆元零角零分

销售单位（盖章）征税专用章	售票人　赵海飞（盖章）	备注

哈尔滨市政府非税收入一般缴款书

财准印 015 号　　No49798241

执收单位代码：110034
执收单位名称：哈尔滨市不动产登记中心　　收款日期：2019 年 12 月 12 日

缴款人	全称	北京恒盛有限公司	收款人	全称	哈尔滨市政府非税收入专户	流水号	00022363
	账号	41622124077014		账号	41001956110097		
	开户银行	中国建设银行北京市东城区支行		开户银行	中国建设银行哈尔滨市道外区支行		

代理银行网点代码：046　　开票方式：　　缴款方式：

项目执行码	收费项目名称	单位	标准	数量	金额(小写)
1670	土地登记费	本	100.00	1	¥100.00
1542	房屋登记		550.00	1	¥550.00

合计人民币（大写）陆佰伍拾元整　　¥650.00

备注：

执收单位（盖章）：　　　　　　　　　　　　　　　　经办人：王滨

哈尔滨市政府非税收入一般缴款书

财准印 024 号　No24080020

执收单位代码：110034

执收单位名称：哈尔滨市不动产登记中心　　　收款日期：2019 年 12 月 12 日

缴款人	全称	北京恒盛有限公司	收款人	全称	哈尔滨市政府非税收入专户	流水号	00028676
	账号	41622124077014		账号	41001956110097		
	开户银行	中国建设银行北京市东城区支行		开户银行	中国建设银行哈尔滨市道外区支行		

代理银行网点代码　046　　　开票方式　　　　缴款方式

项目执行码	收费项目名称	单位	标准	数量	金额（小写）	复核
3771	交易手续费	平方米	3.00	100	￥300.00	记账
合计人民币（大写）	叁佰元整				￥300.00	开户行签章
备注：						

执收单位（盖章）：　　　　　　　　　　　　　　　经办人：姜小平

业务 9　2019 年 12 月 15 日，取得原始凭证 3 张。

中国建设银行客户专用回单

币别：人民币　　　2019 年 12 月 15 日　　　流水号：110120027J0500810071

付款人	全称	品嘉园服饰有限公司	收款人	全称	北京恒盛有限公司
	账号	41622124278262		账号	41622124077014
	开户行	中国建设银行北京市通州区支行		开户行	中国建设银行北京市东城区支行
金额	人民币（大写）	叁万零肆佰柒拾伍元整		（小写）	￥30 475.00
凭证种类	电汇凭证		凭证号码		
结算方式	电汇		用途		专利权 Y 转让费

打印柜员：110125584257
打印机构：中国建设银行北京市东城区支行
打印卡号：105464964543

打印时间：2019-12-15　　　交易柜员：110125584268　　　交易机构：110110500541152845

无形资产处置申请单
2019 年 12 月 15 日

无形资产名称	原价	累计摊销额	净值	处置原因
专利权 Y	25 000.00	3 749.94	21 250.06	对外转让
无形资产管理部门意见： 同意 张勇 2019 年 12 月 15 日		财务部门意见： 同意 洪媚儿 2019 年 12 月 15 日	单位领导意见： 同意 张艳辉 2019 年 12 月 15 日	

业务 10 2019 年 12 月 21 日,取得原始凭证 2 张。

北京市行政事业单位资金往来结算票据(北京市)

京 财滁印 2018 003—002 号

付款单位：北京恒盛有限公司　　　2019 年 12 月 21 日　　　No：09728555

收据项目	数量	金额	
保证金(北京市东城区 A3 地块)		50 000.00	第二联 收据
金额合计(小写)		￥50 000.00	
金额合计(大写) 财务专用章	伍万元整		
收款单位(盖章)	复核	收款人：苗文丹	

中国建设银行 转账支票存根
10501150
附加信息 付款行账号：
41622124077014
出票日期 2019 年 12 月 21 日
收款人：北京市国土资源局
金 额：￥50 000.00
用 途：交土地出让保证金
单位主管　会计

业务 11 2019 年 12 月 21 日,取得原始凭证 2 张。

中国建设银行 转账支票存根
10501151
附加信息 付款行账号：
41622124077014
出票日期 2019 年 12 月 21 日
收款人：北京市财政局
金 额：￥1 950 000.00
用 途：土地出让价款
单位主管　会计

北京市非税收入一般缴款书(北京市)(收据)4

京 财准印 018—003—002 号　　　　0102911258

执收单位名称：北京市财政局　　　区划码：110101　No:0102911258

执收单位编码：998018002　直接解缴□　集中汇缴□　现金□　转账☑

填制日期：2019 年 12 月 21 日

付款人	全称	北京恒盛有限公司	收款人	全称	北京市财政局
	账号	41622124077014		账号	41622059752442
	开户银行	中国建设银行北京市东城区支行		开户银行	中国建设银行北京市东城区支行

项目编码	项目	计收单位	数量	收缴标准	金额
3088010102	土地出让价款(2)		1		2 000 000.00

人民币金额(大写)：贰佰万元整　　　　　　　　　　￥2 000 000.00

执收单位(盖章)　　经办人(盖章)　　备注：北京市东城区 A3 地块

校验码：3038　　　本缴款书付款期为 10 天(节假日顺延)，过期无效

业务 12　2019 年 12 月 23 日，取得原始凭证 3 张。

新增无形资产登记表
2019 年 12 月 23 日

资产名称	种类	单位	数量	捐赠日期	投入使用日期	使用部门
著作权	著作权	个	1	2019-12-23	2019-12-23	财务部

制表人：谢小花　　　　　　　　　　复核人：洪媚儿

北京增值税专用发票　　No 43796147

代码：1101161140

开票日期：2019年12月23日

购买方	名称：北京恒盛有限公司 纳税人识别号：911101017690690112 地址、电话：北京市东城区王连街楼小路75号 010-61744362 开户行及账号：中国建设银行北京市东城区支行 41622124077014

密码区：47*3187<4/+8163<+95-59+7<071 3692<0-->-6>525<804518->7*7 87*3187<4/+8490<+95845421261 2+<712/<1+9016>6569++>84>414

货物或应税劳务、服务名称	规格型号	单位	数量	单价	金额	税率	税额
著作权		个	1	18000	18 000.00	6%	1 080.00
合计					¥18 000.00		¥1 080.00

价税合计(大写)：⊗壹万玖仟零捌拾元整　　　　　(小写)￥19 080.00

销售方：名称：文达设计服务有限公司 纳税人识别号：911101178005988362 地址、电话：北京市平谷区66街35路06号 010-53195463 开户行及账号：中国建设银行北京市平谷区支行 41622124684747

收款人：　　复核人：　　开票人：张雷　　销售方(发票专用章)

北京 增值税专用发票

No 43796147

开票日期:2019年12月23日

购买方	名称:北京恒盛有限公司 纳税人识别号:911101017690690112 地址、电话:北京市东城区王连街楼小路75号 010-61744362 开户行及账号:中国建设银行北京市东城区支行 41224077014	密码区	47*3187<4/8163<+95-59+7<071 3692<0-->-6>525<804518->7*7 87*3187<4/8490<+95845421261 2+<712/<1+9016>6569++>84>414

货物或应税劳务、服务名称	规格型号	单位	数量	单价	金额	税率	税额
著作权		个	1	18 000	18 000.00	6%	1 080.00
合 计					¥18 000.00		¥1 080.00
价税合计(大写)	⊗壹万玖仟零捌拾元整						¥19 080.00

销售方	名称:文达设计服务有限公司 纳税人识别号:911101178005988362 地址、电话:北京市平谷区66街35路08号 010-53195463 开户行及账号:中国建设银行北京市平谷区支行 41622124684747		

收款人: 　　复核: 　　开票人:张雷　　销售方:(章)

业务13 2019年12月31日,取得原始凭证1张。

无形资产摊销表
2019年12月31日　　　　　金额单位:元

名称	账面原值	摊销期限(年)	月摊销额	类型	使用部门
专利权Z	40 000.00	10	333.33	专利权	办公室
合计	40 000.00		333.33		

审核:洪媚儿　　　　　　　　　　　　　　编制:谢小花

业务14 2019年12月31日,取得原始凭证1张。

无形资产摊销表
2019年12月31日　　　　　金额单位:元

名称	账面原值	摊销期限(年)	月摊销额	类型	使用部门
商标C	120 000.00	10	1 000.00	商标权	办公室
合计	120 000.00		1 000.00		

审核:洪媚儿　　　　　　　　　　　　　　编制:谢小花

项目七　负　债

业务1 2019年12月1日,取得原始凭证1张。

借款借据

单位编号:05273110　　借款日期:2019年12月01日　　合同编号:00093

收款单位	名称	北京恒盛有限公司	借款单位	名称	北京恒盛有限公司
	结算户账号	41924996426573		贷款户账号	41924996813685
	开户银行	交通银行北京市东城区支行		开户银行	交通银行北京市东城区支行

借款金额	人民币(大写) 叁万元整		亿	千	百	十	万	千	百	十	元	角	分
							¥	3	0	0	0	0	0

借款原因及用途	流动资金不足借款	批准借款利率	年息6.00%

期次	计划还款日期		计划还款金额
1	2020-03-01	✓	30 000.00元
2			
3			

备注:

借款单位: 朱雅颜　　　　(银行盖章)

业务 2 2019 年 12 月 1 日,取得原始凭证 1 张。

借 款 借 据

单位编号:05273110　　　　借款日期:2019 年 12 月 01 日　　　　合同编号:55315

收款单位	名　称	北京恒盛有限公司	贷款单位	名　称	北京恒盛有限公司
	结算户账号	41924996426573		贷款户账号	41924996813685
	开户银行	交通银行北京市东城区支行		开户银行	交通银行北京市东城区支行

借款金额	人民币(大写)	壹拾万元整	亿 千 百 十 万 千 百 十 元 角 分
			¥　　　1 0 0 0 0 0 0 0

借款原因及用途	生产经营所需借款	批准借款利率	年息 10.00%

借款期限			
期次	计划还款日期	✓	计划还款金额
1	2022-12-01		100 000.00 元
2			
3			

备注:

贵单位上列借款,已转入你单位结算户内。借款到期时由我分按期自你单位结算户内扣收。

此致

(银行盖章)　2019-12-01　转讫(01)

借款单位　朱雅颜

此联由银行退借款单位作入账通知

业务 3 2019 年 12 月 3 日,取得原始凭证 4 张。

收 料 单

供应单位：常州苏新股份有限公司　　2019年12月03日　　编号：SL

材料编号	名称	单位	规格	数量		实际成本			
				应收	实收	单价	发票价格	运杂费	总价
10001	Q101	千克		2 000	2 000				
备注：									

收料人：陈小雨　　　　　　　　　　　　　　　　交料人：樊金贵

第二联　记账联

中国建设银行
转账支票存根
10501152

附加信息 付款行账号：
41622124077014

出票日期 2019 年 12 月 03 日
收款人：常州苏新股份有限公司
金　额：￥67 800.00
用　途：支付货款
单位主管　　　会计

业务4　2019 年 12 月 5 日，取得原始凭证 6 张。

江苏 增值税专用发票

3204161140　　　№ 20401884

开票日期：2019年12月05日

购买方	名　称：北京恒盛有限公司
	纳税人识别号：91110101769069D112
	地址、电话：北京市东城区王连街榴小路75号　010-61744362
	开户行及账号：中国建设银行北京市东城区支行　41622124077014

密码区：
41*3187<4/+4774<+95-59+7*823
7053<0-->>-6>525<049651->7*7
87*3187<4/+8490<+50278280697
6+<712/<1+9016>6410++>84>256

货物或应税劳务、服务名称	规格型号	单位	数量	单价	金额	税率	税额
W201		千克	800	50.00	40 000.00	13%	5 200.00
合　计					￥40 000.00		￥5 200.00
价税合计（大写）	⊗肆万伍仟贰佰元整						￥45 200.00

销售方	名　称：常州佳业股份有限公司
	纳税人识别号：913204054341999811
	地址、电话：江苏省常州市戚墅堰区孟悦街杨玉路25号　0519-59956031
	开户行及账号：中国建设银行常州市戚墅堰区支行　41622124034077

收款人：　　　复核：　　　开票人：刘金花　　　销售方（章）

第二联：抵扣联　购买方扣税凭证

江苏增值税专用发票

No 20401884

开票日期：2019年12月05日

购买方	名称：北京恒盛有限公司 纳税人识别号：911101017690690112 地址、电话：北京市东城区王连街楼小路75号 010-61744362 开户行及账号：中国建设银行北京市东城区支行 41622124077014	密码区	41*3187<4/+4774<+95-59+7<823 7053<0-->-6>525<049651->7*7 87*3187<4/+8490<+50278280697 6+<712/<1+9016>6410++>84>256

货物或应税劳务、服务名称	规格型号	单位	数量	单价	金额	税率	税额
W201		千克	800	50.00	40 000.00	13%	5 200.00
合 计					¥40 000.00		¥5 200.00
价税合计（大写）	⊗肆万伍仟贰佰元整						¥45 200.00

销售方	名称：常州佳业股份有限公司 纳税人识别号：913204054341999811 地址、电话：江苏省常州市戚墅堰区孟悦街杨玉路25号 0519-59956031 开户行及账号：中国建设银行常州市戚墅堰区支行 41622124034077

收款人： 复核： 开票人：刘金花

收 料 单

供应单位：常州佳业股份有限公司　　2019 年 12 月 05 日　　编号：SL

材料编号	名称	单位	规格	数量		实际成本			
				应收	实收	单价	发票价格	运杂费	总价
10002	W201	千克		800	800				
备注：									

收料人：陈小雨　　　　　　　　　　　　　　　交料人：李海燕

中国建设银行
转账支票存根
10501153

附加信息 付款行账号：
41622124077014

出票日期 2019 年 12 月 05 日
收款人：常州佳业股份有限公司
金　额：¥46 290.00
用　途：付货款及代垫运费
单位主管　　会计

业务5 2019年12月6日,取得原始凭证1张。

经理办公会议纪要

鉴于南京飞科有限公司已于2017年12月06日完成破产清算程序,清算组未向我司请求支付欠其应付账款¥10 320.00(人民币壹万零叁佰贰拾元整),且该请求付款权已过诉讼时效,经决定将此笔款项计入当期损益。

参加人员:张艳辉　洪媚儿　王小欣

2019 年 12 月 06 日

业务6 2019年12月7日,取得原始凭证4张。

收 料 单

供应单位:南通云意有限公司　　　　2019 年 12 月 07 日　　　　　　　　　　编号:SL

材料编号	名称	单位	规格	数量		实际成本			
				应收	实收	单价	发票价格	运杂费	总价
10002	W201	千克		192	192				

备注:

收料人:陈小雨　　　　　　　　　　　　　　　　　　　　　　交料人:任玉敏

银行承兑汇票(存根)

3　10501151
　　13338440

出票日期（大写）：贰零壹玖年壹拾贰月零柒日

出票人全称	北京恒盛有限公司	收款人	全称	南通云意有限公司
出票人账号	41622124077014		账号	41622124001300
付款行名称	中国建设银行北京市东城区支行		开户银行	中国建设银行南通市港闸区支行

出票金额	人民币（大写）壹万零捌佰肆拾捌元整	亿 千 百 十 万 千 百 十 元 角 分 　　　　　　￥ 1 0 8 4 8 0 0

汇票到期日（大写）	贰零贰零年叁月零柒日	付款行	行号	105005411528
承兑协议编号	YHCD1191		地址	北京市东城区彭怀街孟立路29号

密押

复核　　　经办

备注：

此联由出票人存查

业务7　2019年12月8日，取得原始凭证1张。

中国建设银行客户专用回单

转账日期：2019年12月08日
凭证字号：2019120835023045

纳税人全称及纳税人识别号：北京恒盛有限公司 911101017690690112
付款人全称：北京恒盛有限公司
付款人账号：41622124077014　　　　　　　　征收机关名称：北京市东城区税务局
付款人开户银行：中国建设银行北京市东城区支行　收缴国库(银行)名称：国家金库北京市东城区支库
小写(合计)金额：￥36 715.88　　　　　　　　缴款书交易流水号：201912085361997
大写(合计)金额：人民币叁万陆仟柒佰壹拾伍元捌角捌分　税票号码：042017522607729916
税(费)种名称　　　所属时期　　　　　　　　实缴金额
企业所得税　　　　　　　　　　　　　　　　￥36 715.88

业务8　2019年12月8日，取得原始凭证1张。

中国建设银行客户专用回单

转账日期：2019年12月08日
凭证字号：2019120835023067

纳税人全称及纳税人识别号：北京恒盛有限公司 911101017690690112
付款人全称：北京恒盛有限公司
付款人账号：41622124077014　　　　　　　　征收机关名称：北京市东城区税务局
付款人开户银行：中国建设银行北京市东城区支行　收缴国库(银行)名称：国家金库北京市东城区支库
小写(合计)金额：￥84 085.21　　　　　　　　缴款书交易流水号：201912080562470
大写(合计)金额：人民币 捌万肆仟零捌拾伍元贰角壹分　税票号码：042017837545294880
税(费)种名称　　　所属时期　　　　　　　　实缴金额
增值税　　　　　　20191101—20191130　　　￥84 085.21

业务9 2019年12月8日,取得原始凭证1张。

中国建设银行客户专用回单

转账日期:2019年12月08日
凭证字号:2019120835023090

纳税人全称及纳税人识别号:北京恒盛有限公司 911101017690690112

付款人全称:北京恒盛有限公司
付款人账号:41622124077014　　　　　　征收机关名称:北京市东城区税务局
付款人开户银行:中国建设银行北京市东城区支行　收缴国库(银行)名称:国家金库北京市东城区支库
小写(合计)金额:￥10 090.22　　　　　　　缴款书交易流水号:201912080784973
大写(合计)金额:人民币 壹万零玖拾元贰角贰分　税票号码:042017634920889179

税(费)种名称	所属时期	实缴金额
城市维护建设税	20191101—20191130	￥5 885.96
教育费附加	20191101—20191130	￥2 522.56
地方教育附加	20191101—20191130	￥1 681.70

业务10 2019年12月8日,取得原始凭证1张。

中国建设银行客户专用回单

转账日期:2019年12月08日
凭证字号:2019120835023081

纳税人全称及纳税人识别号:北京恒盛有限公司 911101017690690112

付款人全称:北京恒盛有限公司
付款人账号:41622124077014　　　　　　征收机关名称:北京市东城区税务局
付款人开户银行:中国建设银行北京市东城区支行　收缴国库(银行)名称:国家金库北京市东城区支库
小写(合计)金额:￥598.21　　　　　　　　缴款书交易流水号:201912086280250
大写(合计)金额:人民币 伍佰玖拾捌元贰角壹分　税票号码:042017389219787448

税(费)种名称	所属时期	实缴金额
个人所得税	20191101—20191130	￥598.21

业务11 2019年12月10日,取得原始凭证2张。

工资发放明细表

2019 年 12 月 10 日　　　　　　　　　　　　　　　　　　　　　　单位:元

姓名	部门	岗位	应付工资	代扣三险一金				计税基础	代扣个人所得税	代扣款合计	实发工资
				代扣医疗保险	代扣养老保险	代扣失业保险	代扣住房公积金				
朱雅颜	办公室	法定代表人	10 000.00	200.00	800.00	20.00	1 200.00	7 780.00			
张艳辉	办公室	总经理	8 000.00	160.00	640.00	16.00	960.00	6 224.00			
林琳	办公室	办公室职员	4 000.00	80.00	320.00	8.00	480.00	3 112.00			
卢志城	采购部	采购员	3 000.00	60.00	240.00	6.00	360.00	2 334.00			
洪娟儿	财务部	财务经理	5 000.00	100.00	400.00	10.00	600.00	3 890.00			
谢小花	财务部	会计	3 500.00	70.00	280.00	7.00	420.00	2 723.00			
王颖宏	财务部	出纳	3 000.00	60.00	240.00	6.00	360.00	2 334.00			
陈小雨	财务部	仓管员	2 000.00	40.00	160.00	4.00	240.00	1 556.00			
王小欣	销售门市	销售经理	4 500.00	90.00	360.00	9.00	540.00	3 501.00			
林旭阳	销售门市	销售员	3 000.00	60.00	240.00	6.00	360.00	2 334.00			
陆家淇	生产车间	生产车间主任	5 000.00	100.00	400.00	10.00	600.00	3 890.00			
陈家乐	生产车间	车间核算员	3 000.00	60.00	240.00	6.00	360.00	2 334.00			
钟国钊	生产车间	车间工人	3 500.00	70.00	280.00	7.00	420.00	2 723.00			
合计			57 500.00	1 150.00	4 600.00	115.00	6 900.00	44 735.00			

审核:洪娟儿　　　　　　　　　　　　　　　　　　　　　　编制:谢小花

业务 12　2019 年 12 月 11 日,取得原始凭证 1 张。

中国建设银行客户专用回单

转账日期:2019 年 12 月 11 日

凭证字号:2019121026288842

纳税人全称及纳税人识别号:北京恒盛有限公司 911101017690690112	
付款人全称:北京恒盛有限公司	征收机关名称:北京市东城区税务局
付款人账号:41622124077014	收缴国库(银行)名称:国家金库北京市东城区支库
付款人开户银行:中国建设银行北京市东城区支行	缴款书交易流水号:201812111605720
小写(合计)金额:¥36 579.84	税票号码:042017121181106250866
大写(合计)金额:人民币叁万陆仟伍佰柒拾玖元捌角肆分	

税(费)种名称	所属时期	实缴金额
医疗保险本金	20191201—20191231	¥9 127.89
养老保险本金	20191201—20191231	¥24 544.71
失业保险本金	20191201—20191231	¥1 610.85
生育保险本金	20191201—20191231	¥797.78
工伤保险本金	20191201—20191231	¥498.61

业务 13　2019 年 12 月 11 日,取得原始凭证 1 张。

中国建设银行客户专用回单

币别:人民币　　　2019 年 12 月 11 日　　　流水号:110120027J0500810068

付款人	全　称	北京恒盛有限公司	收款人	全　称	北京市住房公积金管理中心
	账　号	41622124077014		账　号	41622124214659
	开户行	中国建设银行北京市东城区支行		开户行	同城实时借记业务
金　额		人民币(大写)壹万叁仟捌佰元整			(小写)¥13 800.00
凭证种类		其他凭证	凭证号码		00005855
结算方式		转账	用途		WFP公积金:00011255,20171211
			打印柜员:110125584257		
			打印机构:中国建设银行北京市东城区支行		
			打印卡号:105540485867		

打印时间:2019-12-11　　交易柜员:110125584268　　交易机构:110110500541152890

业务14 2019年12月14日,取得原始凭证1张。

业务15 2019年12月15日,取得原始凭证1张。

收 款 收 据

2019年12月15日　　　　　　　　　　　　　　　　　　NO.

今收到　南京江北有限公司	现金收讫
交来　包装物押金	
金额(大写)　⊗佰⊗拾⊗万贰仟零佰零拾零元零角零分	
￥2 000.00　　☑现金　□转账支票　□其他	收款单位(盖章)

核准:　　会计:　　记账:　　出纳:王颖宏　　经手人:李智芳

业务16 2019年12月24日,取得原始凭证1张。

中国建设银行客户专用回单

币别:人民币　　　　2019年12月24日　　　流水号:110120027J0500810090

付款人	全　称	南通天盛有限公司	收款人	全　称	北京恒盛有限公司
	账　号	41622124813459		账　号	41622124077014
	开户行	中国建设银行南通市港闸区支行		开户行	中国建设银行北京市东城区支行
金　额		人民币(大写)壹万零伍佰叁拾元整		(小写)　￥10 530.00	
凭证种类		电汇	凭证号码		
结算方式		电子汇划	用途	预付货款	
			打印柜员:110125584257 打印机构:中国建设银行北京市东城区支行 打印卡号:41622124077014		

打印时间:2019-12-24　　交易柜员:110125584268　　交易机构:110124428

业务 17 2019 年 12 月 26 日,取得原始凭证 2 张。

销 售 单

购货单位:南通天盛有限公司
地址和电话:江苏省南通市港闸区 40 街 10 路 64 号 0513—87535437　　单据编号:XS
纳税识别号:913206114989894252
开户行及账号:中国建设银行南通市港闸区支行 41622124813459　　制单日期:2019-12-26

编码	产品名称	规格	单位	单价	数量	金额	备注
KCSP001	甲		件	113.00	90	10 170.00	含税价
合计	人民币(大写):壹万零壹佰柒拾元整				—	¥10 170.00	

销售经理:王小欣　　经手人:林旭阳　　会计:谢小花　　签收人:刘新喜

1101161140　　№ 66735001　1101161140

开票日期:2019 年 12 月 26 日

购买方	名称:南通天盛有限公司 纳税人识别号:913206114989894252 地址、电话:江苏省南通市港闸区40街10路64号 0513-87535437 开户行及账号:中国建设银行南通市港闸区支行 41622124813459	密码区	08*3187<4/+8603<+95-59>+7<259 2430<0-->-6>525<593812->7*7 87*3187<4/+8490<+36195565956 2+<712/<1+9016>1120++>84>032

货物或应税劳务、服务名称	规格型号	单位	数量	单价	金额	税率	税额
甲		件	90	100.00	9 000.00	13%	1 170.00
合　计					¥9 000.00		¥1 170.00

价税合计(大写) ⊗壹万零壹佰柒拾元整　　(小写) ¥10 170.00

| 销售方 | 名称:北京恒盛有限公司
纳税人识别号:911101017690690112
地址、电话:北京市东城区王连街楷小路75号 010-61744362
开户行及账号:中国建设银行北京市东城区支行 41622124077014 | 备注 | |

收款人:　　复核:　　开票人:谢小花　　销售方:(章)

业务 18 2019 年 12 月 31 日,取得原始凭证 3 张。

生产工时明细表
2019 年 12 月 31 日

车　间	产品	生产工时(小时)
生产车间	甲	600
生产车间	乙	400
合　计		1 000

审核:洪媚儿　　编制:谢小花

工 资 明 细 表
2019 年 12 月 31 日　　单位:元

姓名	部门	岗位	应付工资
朱雅颜	办公室	法定代表人	10 000.00
张艳辉	办公室	总经理	8 000.00
林　琳	办公室	办公室职员	4 000.00
卢志城	采购部	采购员	3 000.00
洪媚儿	财务部	财务经理	5 000.00
谢小花	财务部	会计	3 500.00
王颖宏	财务部	出纳	3 000.00
陈小雨	财务部	仓管员	2 000.00
王小欣	销售门市	销售经理	5 000.00
林旭阳	销售门市	销售员	4 000.00
陆家淇	生产车间	生产车间主任	5 000.00
陈家乐	生产车间	车间核算员	3 000.00
钟国钊	生产车间	车间工人	3 000.00
合　计			58 500.00

审核:洪媚儿　　编制:谢小花

工资费用分配表

2019 年 12 月 31 日　　　　　　　　　　　　　　　金额单位:元

应借账户		直接计入	分配计入			合计
			生产工时(小时)	分配率	分配金额	
管理费用						
销售费用						
制造费用						
生产成本	甲					
生产成本	乙					
合计						

审核:　　　　　　　　　　　　　　　　　　　　　　　编制:

业务 19　2019 年 12 月 31 日,取得原始凭证 2 张。

生产工时明细表

2019 年 12 月 31 日

车　间	产品	生产工时(小时)
生产车间	甲	600
	乙	400
合计		1 000

审核:洪媚儿　　　　　　　　　　　　　　　　　　　编制:谢小花

五险计算表

2019 年 12 月 31 日　　　　　　　　　　　　　　　　　　单位:元

应借账户		医疗保险	养老保险	失业保险	生育保险	工伤保险	五险合计
管理费用							
销售费用							
制造费用							
生产成本	甲						
	乙						
合计							

审核:　　　　　　　　　　　　　　　　　　　　　　　编制:

业务 20　2019 年 12 月 31 日,取得原始凭证 2 张。

生产工时明细表

2019 年 12 月 31 日

车　间	产品	生产工时(小时)
生产车间	甲	600
	乙	400
合计		1 000

审核:洪媚儿　　　　　　　　　　　　　　　　　　　编制:谢小花

住房公积金计算表

2019 年 12 月 31 日　　　　　　　　　　　　　　　　　　单位:元

应借账户		住房公积金
管理费用		
销售费用		
制造费用		
生产成本	甲	
生产成本	乙	
合计		

审核:　　　　　　　　　　　　　　　　　　　　　　　编制:

业务 21 2019年12月31日,取得原始凭证2张。

生产工时明细表
2019年12月31日

车间	产品	生产工时(小时)
生产车间	甲	600
	乙	400
合计		1 000

审核:洪媚儿 　　　　　　　　　　　　　　　　编制:谢小花

职工教育经费计算表
2019年12月31日　　　　　　　　　　　　　　单位:元

应借账户		职工教育经费
管理费用		
销售费用		
制造费用		
生产成本	甲	
	乙	
合计		

审核:　　　　　　　　　　　　　　　　　　　　编制:

业务 22 2019年12月31日,取得原始凭证2张。

生产工时明细表
2019年12月31日

车间	产品	生产工时(小时)
生产车间	甲	600
	乙	400
合计		1 000

审核:洪媚儿 　　　　　　　　　　　　　　　　编制:谢小花

工会经费计算表
2019年12月31日　　　　　　　　　　　　　　单位:元

应借账户		工会经费
管理费用		
销售费用		
制造费用		
生产成本	甲	
	乙	
合计		

审核:　　　　　　　　　　　　　　　　　　　　编制:

项目八 所有者权益

注:本项目中各业务之间无必然联系。

业务1 2019年12月3日,取得原始凭证2张。

股东大会决议

经全体股东审议,将本公司注册资本由 743 179.88 元增加至 793 179.88 元,一致通过如下决议:

一、增资股东身份情况
（略）

二、增资股东出资情况

股东名称	认缴新增注册资本	认缴比例	实际出资金额	实际出资额占全体股东出资	出资到位日期	出资方式
北京宜鸿线材有限公司	50 000.00	6.31%	50 000.00	6.30%	2019-12-03	货币资金

三、增资后各股东持股比例

股东名称	实际出资情况			
	变更前		变更后	
	金额	所占份额	金额	所占份额
C公司	374 258.12	50.36%	374 258.12	47.18%
D公司	368 921.76	49.64%	368 921.76	46.51%
北京宜鸿线材有限公司	0.00	0.00%	50 000.00	6.31%

股东代表签字:刘新喜　赵海飞　张淑敏

北京恒盛有限公司
2019年12月03日

中国建设银行客户专用回单

币别:人民币　　2019年12月03日　　流水号:110120027J0500810062

付款人	全称	北京宜鸿线材有限公司	收款人	全称	北京恒盛有限公司
	账号	41622124510916		账号	41622124077014
	开户行	中国建设银行北京市东城区支行		开户行	中国建设银行北京市东城区支行
金额	人民币(大写)伍万元整			(小写) ￥50 000.00	
凭证种类	电汇凭证		凭证号码		
结算方式	电子汇划汇入		用途	投资款	

打印柜员:110125584257
打印机构:中国建设银行北京市东城区支行
打印卡号:41622124077014

打印时间:2019-12-03　　交易柜员:110125584268　　交易机构:110153556

业务2 2019年12月5日,取得原始凭证4张。

新增固定资产登记表

2019 年 12 月 05 日

资产名称	种类	单位	数量	接受投资日期	投入使用日期	使用部门
M 设备	生产设备	台	2	2019-12-05	2019-12-05	生产车间

制表人:谢小花　　　　　　　　　　　　　复核人:洪媚儿

股东大会决议

经全体股东审议,将本公司注册资本由 743 179.88 元增加至 928 779.88 元,一致通过如下决议:

一、增资股东身份情况

(略)

二、增资股东出资情况

股东名称	认缴新增注册资本	认缴比例	实际出资金额	实际出资额占全体股东出资	出资到位日期	出资方式
北京宜鸿线材有限公司	180 800.00	20.12%	180 800.00	20.12%	2019-12-05	实物

三、增资后各股东持股比例

股东名称	实际出资情况			
	变更前		变更后	
	金额	所占份额	金额	所占份额
C 公司	374 258.12	50.36%	374 258.12	40.23%
D 公司	368 921.76	49.64%	368 921.76	39.65%
北京宜鸿线材有限公司	0.00	0.00	180 800.00	20.12%

股东代表签字:陈义民　韩亚楠　苏建朝

(北京恒盛有限公司 2019年12月05日)

北京增值税专用发票

发票号码：No 51951984
代码：1101151140

开票日期：2019年12月05日

购买方	名称：北京恒盛有限公司 纳税人识别号：911101017690690112 地址、电话：北京市东城区王连街楼小路75号 010-61744362 开户行及账号：中国建设银行北京市东城区支行 41622124077014

密码区：
03*3187<4/+2807<+95-59+7<192
5932<0-->-6>525<142383->7*7
87*3187<4/+8490<+75451852591
0+<712/<1+9016>6391++>84>235

货物或应税劳务、服务名称	规格型号	单位	数量	单价	金额	税率	税额
M设备		台	2	80 000.00	160 000.00	13%	20 800.00
合 计					￥160 000.00		￥20 800.00

价税合计（大写）：壹拾捌万零捌佰元整　￥180 800.00

销售方	名称：北京宜鸿线材有限公司 纳税人识别号：911101014106781544 地址、电话：北京市东城区07街65路38号 010-39442749 开户行及账号：中国建设银行北京市东城区支行 41622124510916

收款人：　　　复核：　　　开票人：解红　　　销售方：发票专用章

业务3 2019年12月6日，取得原始凭证4张。

新增无形资产登记表

2019年12月06日

资产名称	种类	单位	数量	接受投资日期	投入使用日期	使用部门
商标C	商标权	套	1	2019-12-06	2019-12-06	办公室

制表人：谢小花　　　复核人：洪媚儿

股东大会决议

经全体股东审议，将本公司注册资本由 743 179.88 元增加至 753 779.88 元，一致通过如下决议：

一、增资股东身份情况
（略）

二、增资股东出资情况

股东名称	认缴新增注册资本	认缴比例	实际出资金额	实际出资额占全体股东出资	出资到位日期	出资方式
文达设计服务有限公司	10 600.00	1.41%	10 600.00	1.41%	2019-12-06	无形资产

三、增资后各股东持股比例

股东名称	实际出资情况			
	变更前		变更后	
	金额	所占份额	金额	所占份额
C公司	374 258.12	50.36%	374 258.12	49.65%
D公司	368 921.76	49.64%	368 921.76	48.94%
文达设计服务有限公司	0.00	0.00		1.41%

股东代表签字：刘莹莹　孙建岭　李志平

北京恒盛有限公司
2019年12月06日

北京增值税专用发票（抵扣联）

No. 78387836
开票日期：2019年12月06日

购买方：
- 名称：北京恒盛有限公司
- 纳税人识别号：911101017690690112
- 地址、电话：北京市东城区王连街楼小路75号 010-61744362
- 开户行及账号：中国建设银行北京市东城区支行 41622124077014

密码区：
```
38*3187<4/+5342<+95-59+7<314
7055<0-->-6>525<100728->7*7
87*3187<4/+8490<+92662688061
8+<712/<1+9016>1446++>84>313
```

货物或应税劳务、服务名称	规格型号	单位	数量	单价	金额	税率	税额
商标C		套	1	10 000.00	10 000.00	6%	600.00
合　计					¥10 000.00		¥600.00

价税合计（大写）：壹万零陆佰元整　　¥10 600.00

销售方：
- 名称：文达设计服务有限公司
- 纳税人识别号：911101178005988362
- 地址、电话：北京市平谷区66街35路06号 010-53195463
- 开户行及账号：中国建设银行北京市平谷区支行 41622124684747

收款人：　　复核：　　开票人：张新华　　销售方：（发票专用章）

北京增值税专用发票（发票联）

No. 78387836
开票日期：2019年12月06日

（与上联内容相同）

业务4　2019年12月7日，取得原始凭证1张。

股东大会决议

时间：2019年12月07日
应到会股东人数：2人
实际到会股东人数：2人

经全体股东审议，一致通过如下决议：本公司截止到2018年12月31日的资本公积（资本溢价）50 000.00元，现以资本公积（资本溢价）转增注册资本30 000.00元，将公司注册资本由743 179.88元增加到773 179.88元。公司增加注册资本后，股东的出资额和持股比例如下：
C公司：出资额为389 366.12元，持股比例为50.36%；
D公司：出资额为383 813.76元，持股比例为49.64%。

股东签名：赵涛　牛瑞营

北京恒盛有限公司
2019年12月07日

业务5 2019年12月8日,取得原始凭证1张。

股东大会决议

时间:2019年12月08日
应到会股东人数:2人
实际到会股东人数:2人
经全体股东审议,一致通过如下决议:本公司截止到2018年12月31日的盈余公积(法定盈余公积)276 724.47元,现以盈余公积(法定盈余公积)转增注册资本10 000元,截止到2018年12月31日的盈余公积(任意盈余公积)17 649.86元,现以盈余公积(任意盈余公积)转增注册资本5 000元,将公司注册资本由743 179.88元增加到758 179.88元。公司增加注册资本后,股东的出资额和持股比例如下:
C公司:出资额为381 812.12元,持股比例为50.36%;
D公司:出资额为376 367.76元,持股比例为49.64%。

股东签名:张 斌 孙 虹

北京恒盛有限公司
2019年12月08日

业务6 2019年12月10日,取得原始凭证2张。

股东大会决议

经全体股东审议,将本公司注册资本由743 179.88元增加至993 179.88元,一致通过如下决议:
一、增资股东身份情况
(略)
二、增资股东出资情况

股东名称	认缴新增注册资本	认缴比例	实际出资金额	实际出资额占全体股东出资	出资到位日期	出资方式
久益家电有限公司	250 000.00	25.17%	250 000.00	25.17%	2019-12-10	货币资金

三、增资后各股东持股比例

股东名称	实际出资情况			
	变更前		变更后	
	金额	所占份额	金额	所占份额
C公司	374 258.12	50.36%	374 258.12	37.68%
D公司	368 921.76	49.64%	368 921.76	37.15%
久益家电有限公司	0.00	0.00	250 000.00	25.17%

股东代表签字:孙志华 王万勇 孙中一

北京恒盛有限公司
2019年12月10日

中国建设银行客户专用回单

币别:人民币　　　　　　　2019 年 12 月 10 日　　　流水号:110120027J0500810038

付款人	全　　称	久益家电有限公司	收款人	全　　称	北京恒盛有限公司
	账　　号	41622124283693		账　　号	41622124077014
	开户行	中国建设银行北京市石景山区支行		开户行	中国建设银行北京市东城区支行
金　　额	人民币(大写)	贰拾伍万元整		(小写)	￥250 000.00
凭证种类		电汇凭证	凭证号码		
结算方式		电子汇划汇入	用　途		投资款

打印柜员:110125584257
打印机构:中国建设银行北京市东城区支行
打印卡号:41622124077014

打印时间:2019-12-10　　　交易柜员:110125584268　　　交易机构:110153868

业务7　2019 年 12 月 15 日,取得原始凭证 4 张。

新增固定资产登记表

2019 年 12 月 15 日

资产名称	种类	单位	数量	接受投资日期	投入使用日期	使用部门
电脑	电子设备	台	10	2019-12-15	2019-12-15	财务部

制表人:谢小花　　　　　　　　　　　　　复核人:洪媚儿

江苏增值税专用发票　　№ 36585155

开票日期:2019年12月15日

购买方	名　称:北京恒盛有限公司 纳税人识别号:911101017690690112 地址、电话:北京市东城区王连街楼小路75号 010-61744362 开户行及账号:中国建设银行北京市东城区支行 41622124077014

密码区:
05*3187<4/+1408<+95-59+7<207
9470<0-->-6>525<661397->7*7
87*3187<4/+8490<+48940934196
3<+712/<1+9016>3513++<84>022

货物或应税劳务、服务名称	规格型号	单位	数量	单价	金额	税率	税额
电脑		台	10	10 000.00	100 000.00	13%	13 000.00
合　计					￥100 000.00		￥13 000.00

价税合计(大写)　⊗壹拾壹万叁仟元整　　　　　　　　　(小写)￥113 000.00

销售方	名　称:长江贸易有限公司 纳税人识别号:913211114086747274 地址、电话:江苏省镇江市润州区白街曹群路58号 0511-74899196 开户行及账号:中国建设银行镇江市润州区支行 41622124674437

收款人:　　　　　复核:　　　　　开票人:杨广河　　　　　销售方:(发票专用章)

江苏增值税专用发票

No 36585155

开票日期：2019年12月15日

购买方	名称：北京恒盛有限公司 纳税人识别号：91110101769069O112 地址、电话：北京市东城区王连街楼小路75号 010-61744362 开户行及账号：中国建设银行北京市东城区支行 41622124077014

货物或应税劳务、服务名称	规格型号	单位	数量	单价	金额	税率	税额
电脑		台	10	10 000.00	100 000.00	13%	13 000.00
合计					¥100 000.00		¥13 000.00
价税合计（大写）	壹拾壹万叁仟元整						¥113 000.00

销售方	名称：长江贸易有限公司 纳税人识别号：91321111408674727A 地址、电话：江苏省镇江市润州区白永街曹群路56号 0511-74899196 开户行及账号：中国建设银行镇江市润州区支行 41622124674437

收款人：　　　　复核：　　　　开票人：杨广河　　　　销售方：（发票专用章）

股东大会决议

经全体股东审议，将本公司注册资本由 743 179.88 元增加至 859 179.88 元，一致通过如下决议：

一、增资股东身份情况

（略）

二、增资股东出资情况

股东名称	认缴新增注册资本	认缴比例	实际出资金额	实际出资额占全体股东出资	出资到位日期	出资方式
长江贸易有限公司	113 000.00	13.60%	113 000.00	13.60%	2019-12-15	实物

三、增资后各股东持股比例

股东名称	实际出资情况			
	变更前		变更后	
	金额	所占份额	金额	所占份额
C公司	374 258.12	50.36%	374 258.12	43.51%
D公司	368 921.76	49.64%	368 921.76	42.89%
长江贸易有限公司	0.00	0.00	113 000.00	13.60%

股东代表签字：陈宝雷　邵晋伟　韩春民

北京恒盛有限公司
2019年12月15日

业务8 2018年12月15日,取得原始凭证4张。

股东大会决议

经全体股东审议,将本公司注册资本由 743 179.88 元增加至 795 379.88 元,一致通过如下决议:

一、增资股东身份情况

(略)

二、增资股东出资情况

股东名称	认缴新增注册资本	认缴比例	实际出资金额	实际出资额占全体股东出资	出资到位日期	出资方式
北京欣华阳线材有限公司	50 850.00	6.61%	50 850.00	6.62%	2019-12-15	实物

三、增资后各股东持股比例

股东名称	实际出资情况			
	变更前		变更后	
	金额	所占份额	金额	所占份额
C公司	374 258.12	50.36%	374 258.12	47.03%
D公司	368 921.76	49.64%	368 921.76	46.36%
北京欣华阳线材有限公司	0.00	0.00	50 850.00	6.61%

股东代表签字:王建石 马明军 张 弘

2019 年 12 月 15 日

北京增值税专用发票

1101161140   No 65737685

开票日期:2019年12月15日

购买方 名称:北京恒盛有限公司
纳税人识别号:911101017690690112
地址、电话:北京市东城区王连街楼小路75号 010-61744362
开户行及账号:中国建设银行北京市东城区支行 41622124077014

货物或应税劳务、服务名称	规格型号	单位	数量	单价	金额	税率	税额
Q101		kg	1500	30.00	45 000.00	13%	5 850.00
合 计					¥45 000.00		¥5 850.00

价税合计(大写):伍万零捌佰伍拾元整   (小写)¥50 850.00

销售方 名称:北京欣华阳线材有限公司
纳税人识别号:911101025253823356
地址、电话:北京市西城区89街61路83号 010-25405235
开户行及账号:中国建设银行北京市西城区支行 41622124292959

收款人: 复核: 开票人:王月平

备注:接受存货投资

北京增值税专用发票

发票号码: No 65737685
代码: 1101161140
开票日期: 2019年12月15日

购买方	名称: 北京恒盛有限公司 纳税人识别号: 911101017890690112 地址、电话: 北京市东城区王连街楼小路75号 010-61744362 开户行及账号: 中国建设银行北京市东城区支行 41622124077014	密码区	25*3187<4/+1514<+95-59+7<160 9615<0-->>-6>525<112754->7*7 87*3187<4/+8490<+87255272947 6+<712/<1+9016>4430++>84>654

货物或应税劳务、服务名称	规格型号	单位	数量	单价	金额	税率	税额
Q101		kg	1 500	30.00	45 000.00	13%	5 850.00
合计					¥45 000.00		¥5 850.00

价税合计（大写）： 伍万零捌佰伍拾元整　（小写）¥50 850.00

销售方	名称: 北京欣华阳线材有限公司 纳税人识别号: 911101025253823356 地址、电话: 北京市西城区89街61路83号 010-25405235 开户行及账号: 中国建设银行北京市西城区支行 41622124292959	备注	接受存货投资

收款人：　　复核：　　开票人：王月平

收 料 单

供应单位：北京欣华阳线材有限公司　　2019年12月15日　　编号：SL

材料编号	名称	单位	规格	数量		实际成本			
				应收	实收	单价	发票价格	运杂费	总价
10001	Q101	千克		1 500	1 500				
备注：									

收料人：陈小雨　　　　　　　　　　　　　　　　　　交料人：苏卫红

业务9　2019年12月16日，取得原始凭证4张。

股东大会决议

经全体股东审议，将本公司注册资本由743 179.88元增加至789 579.88元，一致通过如下决议：

一、增资股东身份情况
（略）

二、增资股东出资情况

股东名称	认缴新增注册资本	认缴比例	实际出资金额	实际出资额占全体股东出资	出资到位日期	出资方式
盐城达美有限公司	45 200.00	5.92%	45 200.00	5.92%	2019-12-16	实物

三、增资后各股东持股比例

股东名称	实际出资情况			
	变更前		变更后	
	金额	所占份额	金额	所占份额
C公司	374 258.12	50.36%	374 258.12	47.40%
D公司	368 921.76	49.64%	368 921.76	46.72%
盐城达美有限公司	0.00	0.00	45 200.00	5.88%

股东代表签字：郝光宇　邵素云　苏俊林

2019年12月16日

入 库 单

2019 年 12 月 16 日　　　　　　　　　　　　编号:RK

产品编号	名称	规格	计量单位	数量	单位成本	金额	备注
KCSP00	甲		件	400			

交库人:李红梅　　　　　　　　　　　　　　　收货人:陈小雨

业务10 2019年12月31日,取得原始凭证1张。

损益类账户发生额结转表

2019年12月31日　　　　　　　　　　　　　　　　　单位:元

总账科目	明细科目二	明细科目三	本期借方发生额	本期贷方发生额
主营业务收入	商品销售收入	甲		600 000.00
其他业务收入	材料销售收入	Q101		40 000.00
投资收益	交易手续费			234.00
营业外收入	罚款收入			3 000.00
主营业务成本	商品销售成本	甲	228 000.00	
其他业务成本	材料销售成本	Q101	22 400.00	
税金及附加	城市维护建设税		2 800.00	
税金及附加	教育费附加		1 200.00	
销售费用	广告费		20 000.00	
管理费用	工资		90 000.00	
管理费用	职工福利费		23 460.00	
管理费用	办公费		7 000.00	
管理费用	水电费		3 450.00	
管理费用	差旅费		1 200.00	
管理费用	折旧费		3 450.00	
财务费用	利息支出		1 677.00	
营业外支出	捐赠支出		50 000.00	
合计			454 637.00	643 234.00

审核:洪媚儿　　　　　　　　　　　　　　　　编制:谢小花

业务11 2019年12月31日,取得原始凭证1张。

年度净利润计算及结转表

2019年12月31日　　　　　　　　　　　　　　　　　单位:元

项　　目	金　　额
1~11月净利润	
12月净利润	
年度净利润	

审核:　　　　　　　　　　　　　　　　　　　编制:

业务12 2019年12月31日,取得原始凭证1张。

计提盈余公积计算表

2019年12月31日　　　　　　　　　　　　　　金额单位:元

项　　目	计提比例	金　　额
法定盈余公积		
合计		

审核:　　　　　　　　　　　　　　　　　　　编制:

业务 13 2019年12月31日,取得原始凭证1张。

计提盈余公积计算表
2019 年 12 月 31 日　　　　　　　　　金额单位:元

项　　目	计提比例	金　　额
任意盈余公积		
合计		

审核:　　　　　　　　　　　　　　　　编制:

业务 14 2019年12月31日,取得原始凭证1张。

股东大会决议

时间:2019 年 12 月 31 日
应到会股东人数:2 人
实际到会股东人数:2 人

经全体股东审议,一致通过如下决议:本公司截止到 2018 年 12 月 31 日的未分配利润 18 264 628.00 元(金额大写:壹仟捌佰贰拾陆万肆仟陆佰贰拾捌元整),现向全体股东分配现金利润 5 000 000.00 元(金额大写:伍佰万元整),按出资比例分配,其中 C 公司出资 50.36%,D 公司出资 49.64%。

股东签名:张向华　张艳青

北京佰盛有限公司
2019 年 12 月 31 日

业务 15 2019年12月31日,取得原始凭证1张。

利润分配明细项目结转表
2019-12-31　　　　　　　　　　　　　　单位:元

项　　目	金　　额
提取法定盈余公积	
提取任意盈余公积	
应付现金股利	
合计	

审核:　　　　　　　　　　　　　　　　编制:

项目九　收入、费用、结转利润

业务 1 2019年12月4日,取得原始凭证3张。

销　售　单

购货单位:宿迁长顺电子科技有限公司
地址和电话:江苏省宿迁市宿城区陈昌街肖延路 91 号 0527—85346053　　　单据编号:XS
纳税识别号:913213029545638994
开户行及账号:中国建设银行宿迁市宿城区支行 41622124658573　　　制单日期:2019-12-04

编码	产品名称	规格	单位	单价	数量	金额	备注
KCSP001	甲		件	113.00	1 500	169 500.00	含税价
合计	人民币(大写):壹拾陆万玖仟伍佰元整			—		￥169 500.00	

销售经理:王小欣　　经手人:林旭阳　　　会计:谢小花　　　签收人:王俊杰

北京增值税专用发票

1101161140　　　　　　　　　　　　　№ 96401173

此联不作报销凭证使用　　　　　　开票日期：2019年12月04日

购买方	名　称：宿迁长顺电子科技有限公司 纳税人识别号：913213029545638994 地址、电话：江苏省宿迁市宿城区陈昌街肖廷路91号 0527-85346053 开户行及账号：中国建设银行宿迁市宿城区支行 41622124658573	密码区	37*3187<4/+5215<+95-59+7<889 9100<0-->>-6>525<523345->7*7 87*3187<4/+8490<+60386676161 5+<712/<1+9016>5559++>84>753

货物或应税劳务、服务名称	规格型号	单位	数量	单价	金额	税率	税额
甲		件	1 500	100.00	150 000.00	13%	19 500.00
合　计					￥150 000.00		￥19 500.00
价税合计（大写）	壹拾陆万玖仟伍佰元整				（小写） ￥169 500.00		

销售方	名　称：北京恒盛有限公司 纳税人识别号：911101017690690112 地址、电话：北京市东城区王连街楼小路75号 010-61744362 开户行及账号：中国建设银行北京市东城区支行 41622124077014	备注	

收款人：　　　　　复核：　　　　　开票人：谢小花　　　　　销售方：（章）

中国建设银行客户专用回单

币别：人民币　　　　2019 年 12 月 04 日　　　　流水号：110120027J0500810037

付款人	全　称	宿迁长顺电子科技有限公司	收款人	全　称	北京恒盛有限公司
	账　号	41622124658573		账　号	41622124077014
	开户行	中国建设银行宿迁市宿城区支行		开户行	中国建设银行北京市东城区支行
金　额	人民币（大写）	壹拾陆万玖仟伍佰元整		（小写）	￥169 500.00
凭证种类	网银		凭证号码		
结算方式	转账		用途	货款	

打印柜员：110125584257
打印机构：中国建设银行北京市东城区支行
打印卡号：41622124077014

（中国建设银行东城区支行专用章）

打印时间：2019-12-04　　交易柜员：110125584268　　交易机构：110159072

业务 2　2019 年 12 月 5 日，取得原始凭证 4 张。

销　售　单

购货单位：徐州华盛纺织有限公司
地址和电话：江苏省徐州市鼓楼区张雷街李志路 09 号 0516—40431297　　单据编号：XS
纳税识别号：913203026184338923
开户行及账号：中国建设银行徐州市鼓楼区支行 41622124878345　　制单日期：2019 年 12 月 05 日

编码	产品名称	规格	单位	单价	数量	金额	备注
KCSP002	乙		件	169.50	40	6 780.00	含税价
合计	人民币（大写）：陆仟柒佰捌拾元整		—			￥6 780.00	

销售经理：王小欣　　经手人：林旭阳　　会计：谢小花　　签收人：苏建勇

北京增值税专用发票

1101161140 № 39914680

开票日期：2019年12月05日

购买方：
- 名称：徐州华盛纺织有限公司
- 纳税人识别号：913203026184338923
- 地址、电话：江苏省徐州市鼓楼区张雷街李志路09号 0516-40431297
- 开户行及账号：中国建设银行徐州市鼓楼区支行 41622124878345

密码区：
40*3187<4/+0699<+95-59+7<906
8319<0-->-6>525<211337->7*7
87*3187<4/+8490<+54424427367
5+<712/<1+9016>3994++>84>382

货物或应税劳务、服务名称	规格型号	单位	数量	单价	金额	税率	税额
乙		件	40	150.00	6 000.00	13%	780.00
合计					¥6 000.00		¥780.00

价税合计（大写）：⊗陆仟柒佰捌拾元整　　（小写）¥6 780.00

销售方：
- 名称：北京恒盛有限公司
- 纳税人识别号：911101017690690112
- 地址、电话：北京市东城区王连街楼小路75号 010-61744362
- 开户行及账号：中国建设银行北京市东城区支行 41622124077014

收款人：　复核：　开票人：谢小花　销售方：（章）

江苏增值税专用发票

3206161140 № 67103961

开票日期：2019年12月05日

购买方：
- 名称：徐州华盛纺织有限公司
- 纳税人识别号：913203026184338923
- 地址、电话：江苏省徐州市鼓楼区张雷街李志路09号 0516-40431297
- 开户行及账号：中国建设银行徐州市鼓楼区支行 41622124878345

密码区：
03*3187<4/+8490<+95-59+7<243
4987<0-->-6>525<693719->7*7
87*3187<4/+8490<+95708681380
9<712/<1+9016>6906++>84>93/-

货物或应税劳务、服务名称	规格型号	单位	数量	单价	金额	税率	税额
运费			1	800.00	800.00	9%	72.00
合计					¥800.00		¥72.00

价税合计（大写）：⊗捌佰柒拾贰元整　　（小写）¥872.00

销售方：
- 名称：南通天天物流有限公司
- 纳税人识别号：913206025053702118
- 地址、电话：江苏省南通市崇川区63街60路35号 0513-53155192
- 开户行及账号：中国建设银行南通市崇川区支行 41622124673230

备注：车牌号：京A96714 货物名称

收款人：　复核：　开票人：刘金霞　销售方：（发票专用章）

中国建设银行 转账支票存根

10501156

附加信息 付款行账号：
41622124077014

出票日期 2019 年 12 月 05 日

收款人：南通天天物流有限公司

金额：¥872.00

用途：支付代垫运费

单位主管　会计

业务3 2019年12月6日,取得原始凭证3张。

业务4 2019年12月8日,取得原始凭证3张。

销 售 单

购货单位:常州阳光有限公司
地址和电话:江苏省常州市天宁区杨秋街满新路52号 0519—87045341　　单据编号:XS
纳税识别号:913204023912136646
开户行及账号:中国建设银行常州市天宁区支行 41622124102799　　制单日期:2019-12-08

编码	产品名称	规格	单位	单价	数量	金额	备注
KCSP001	甲		件	113.00	35	3 955.00	含税价
	折扣2%					−79.10	
合计	人民币(大写):叁仟捌佰柒拾伍元玖角整					¥3 875.90	

销售经理:王小欣　　经手人:林旭阳　　会计:谢小花　　签收人:卢俊

收 款 收 据

2019 年 12 月 08 日

今收到　常州阳光有限公司
交来　货款
金额(大写)　⊗佰⊗拾⊗万叁仟捌佰柒拾伍元玖角零分
¥3 875.90　☑现金　□转账支票　□其他　　收款单位(盖章)

核准　　会计　　记账　　出纳:王颖宏　　经手人:黄冈

业务5 2019年12月10日,取得原始凭证2张。

北京增值税专用发票 № 73442911
销项负数
开票日期:2019年12月10日

购买方	名称:常州江淮有限公司 纳税人识别号:913204119445833965 地址、电话:江苏省常州市新北区赵维街王艳路65号 0519-43877156 开户行及账号:中国建设银行常州市新北区支行 41622124116705

货物或应税劳务、服务名称	规格型号	单位	数量	单价	金额	税率	税额
乙		件			-300.00	13%	-39.00
合 计					¥-300.00		-39.00
价税合计(大写) ⊗(负数)叁佰叁拾玖元整					(小写) ¥-339.00		

销售方	名称:北京恒盛有限公司 纳税人识别号:911101017690690112 地址、电话:北京市东城区王连街楼小路75号 010-61744362 开户行及账号:中国建设银行北京市东城区支行 41622124077014	备注	红字发票信息表编号:110119538983

收款人: 复核: 开票人:谢小花 销售方:(章)

中国建设银行客户专用回单

币别:人民币 2019年12月10日 流水号:110120027J0500810069

付款人	全称	北京恒盛有限公司	收款人	全称	常州江淮有限公司
	账号	41622124077014		账号	41622124116705
	开户行	中国建设银行北京市东城区支行		开户行	中国建设银行常州市新北区支行
金额	人民币(大写) 叁佰叁拾玖元整			(小写)¥339.00	
凭证种类	网银		凭证号码		
结算方式	转账		用途	退款	

打印柜员:110125584257
打印机构:中国建设银行北京市东城区支行
打印卡号:41622124077014
打印时间:2019-12-10 交易柜员:110125584268 交易机构:110155638

业务6 2019年12月13日,取得原始凭证3张。

北京增值税专用发票 № 82474475
抵扣联
开票日期:2019年12月11日

购买方	名称:北京恒盛有限公司 纳税人识别号:911101017690690112 地址、电话:北京市东城区王连街楼小路75号 010-61744362 开户行及账号:中国建设银行北京市东城区支行 41622124077014

货物或应税劳务、服务名称	规格型号	单位	数量	单价	金额	税率	税额
运输费		次	1	900.90	900.90	9%	81.08
合 计					¥900.90		¥81.08
价税合计(大写) ⊗玖佰捌拾壹元玖角捌分					(小写)¥981.98		

销售方	名称:北京信丰物流有限公司 纳税人识别号:911101015958091846 地址、电话:北京市东城区李京街李红路98号 010-40010221 开户行及账号:交通银行北京市东城区支行 41924996365271	备注	车种编号:京A84823 货物名称:甲、乙

收款人: 复核: 开票人:刘京津 销售方:(发票专用章)

北京增值税专用发票

1101161140　　№ 82474475

开票日期：2019年12月11日

购买方	名称：北京恒盛有限公司
	纳税人识别号：91110101769069O112
	地址、电话：北京市东城区王连街楼小路75号 010-61744362
	开户行及账号：中国建设银行北京市东城区支行 41622124077014

密码区：
66*3187<4/+4183<+95-59+7<390
1449<0-->-6>525<815945->7*7
87*3187<4/+8490<+52672967252
9+<712/<1+9016>0988+>84>531

货物或应税劳务、服务名称	规格型号	单位	数量	单价	金额	税率	税额
运输费		次	1	900.90	900.90	9%	81.08
合　计					¥900.90		¥81.08

价税合计（大写）：⊗玖佰捌拾壹元玖角捌分　　（小写）¥981.98

销售方	名称：北京信丰物流有限公司
	纳税人识别号：91110101595809l846
	地址、电话：北京市东城区李京街李红路98号 010-40010221
	开户行及账号：交通银行北京市东城区支行 41924996365271

备注：本次车号：京A84823 货物名：甲、乙

收款人：　　复核：　　开票人：刘京津　　销售方：（发票专用章）

中国建设银行客户专用回单

币别：人民币　　2019年12月13日　　流水号：110120027J0500810064

付款人	全称	北京恒盛有限公司	收款人	全称	北京信丰物流有限公司
	账号	41622124077014		账号	41924996365271
	开户行	中国建设银行北京市东城区支行		开户行	交通银行北京市东城区支行
金额	人民币（大写）	玖佰捌拾壹元玖角捌分		（小写）	¥981.98
凭证种类	网银		凭证号码		
结算方式	转账		用途		支付运输装卸费

汇划日期：2019-12-13　　汇划款项编号：00400142
报文顺序号：56763289　　汇出行号：105005411528　　打印柜员：110125584257
汇出行名：中国建设银行北京市东城区支行　　打印机构：中国建设银行北京市东城区支行
业务类型：0062　　原凭证金额：1 000.00　　打印卡号：41622124077014
原凭证种类：0706　　原凭证号码：
附言：

打印时间：2019-12-13　　交易柜员：110125584268　　交易机构：110110570

（中国建设银行电子回单专用章）

业务7　2019年12月15日，取得原始凭证3张。

中国建设银行客户专用回单

币别：人民币　　2019年12月15日　　流水号：110120027J0500810038

付款人	全称	北京恒盛有限公司	收款人	全称	好家酒店有限公司
	账号	41622124077014		账号	41622124488592
	开户行	中国建设银行北京市东城区支行		开户行	中国建设银行北京市东城区支行
金额	人民币（大写）	壹仟贰佰元整		（小写）	¥1 200.00
凭证种类	网银		凭证号码		
结算方式	转账		用途		支付招待客户餐费

打印柜员：110125584257
打印机构：中国建设银行北京市东城区支行
打印卡号：41622124077014

打印时间：2019-12-15　　交易柜员：110125584268　　交易机构：110110546

北京增值税专用发票

发票代码：1101161140
No 27490496
开票日期：2019年12月13日

购买方：
- 名称：北京恒盛有限公司
- 纳税人识别号：911101017690690112
- 地址、电话：北京市东城区王连街楼小路75号 010-61744362
- 开户行及账号：中国建设银行北京市东城区支行 41622124077014

密码区：
05*3187<4/+9002<+95-59+7<375
6397<0-->-6>525<631343->7*7
87*3187<4/+8490+<37531354373
6+<712/<1+9016<4961++>84<526

货物或应税劳务、服务名称	规格型号	单位	数量	单价	金额	税率	税额
餐费		桌	1	1 165.05	1 165.05	3%	34.95
合　计					¥1 165.05		¥34.95

价税合计（大写）：⊗ 壹仟贰佰元整　　（小写）¥1 200.00

销售方：
- 名称：好家酒店有限公司
- 纳税人识别号：911101013708552503
- 地址、电话：北京市东城区孔凡街曹志路64号 010-79830636
- 开户行及账号：中国建设银行北京市东城区支行 41622124488592

收款人：　　复核：　　开票人：刘保　　销售方：(发票专用章)

（第二联：抵扣联　购买方扣税凭证）

北京增值税专用发票

发票代码：1101161140
No 27490496
开票日期：2019年12月13日

（购买方、密码区、明细、销售方信息同上）

（第三联：发票联　购买方记账凭证）

业务8　2019年12月16日，取得原始凭证2张。

销　售　单

购货单位：常州维达有限公司
地址和电话：江苏省常州市新北区孙胜街王恒路21号 0519—57165056
纳税识别号：913204116525795734
开户行及账号：中国建设银行常州市新北区支行 41622124332217

单据编号：XS
制单日期：2019-12-16

编码	产品名称	规格	单位	单价	数量	金额	备注
KCSP001	甲		件	113.00	100	11 300.00	含税价
	安装服务		次	1 090.00	1	1 090.00	含税价
合计	人民币(大写)：壹万贰仟叁佰玖拾元整				—	¥12 390.00	

销售经理：王小欣　　经手人：林旭阳　　会计：谢小花　　签收人：白占立

北京增值税专用发票

1101161140　　　　　　　　　　　　　　　　　　　　　　№ 37945783　　1101161140

此联不作报销凭证使用　　　　　　　　　　开票日期：2019年12月16日

购买方	名　　称：	常州维达有限公司	密码区	49*3187<4/+0039<+95-59+7<741 0872<0-->-6>525<875758->7*7 87*3187<4/+8490<+97018346058 7+<712/<1+9016/1371++>84/367
	纳税人识别号：	913204116525795734		
	地址、电话：	江苏省常州市新北区孙胜街王恒路21号 0519-57165056		
	开户行及账号：	中国建设银行常州市新北区支行 41622124332217		

货物或应税劳务、服务名称	规格型号	单位	数量	单价	金额	税率	税额
甲		件	100	100.00	10 000.00	13%	1 300.00
安装服务		次	1	1 000.00	1 000.00	9%	90.00
合　　计					¥11 000.00		¥1 390.00
价税合计（大写）	⊗壹万贰仟叁佰玖拾元整				（小写）¥12 390.00		

销售方	名　　称：	北京恒盛有限公司	备注	
	纳税人识别号：	911101017690690112		
	地址、电话：	北京市东城区王连街楼小路75号 010-61744362		
	开户行及账号：	中国建设银行北京市东城区支行 41622124077014		

收款人：　　　　复核：　　　　开票人：谢小花　　　　销售方：（章）

第一联：记账联　销售方记账凭证

业务9 2019年12月16日，取得原始凭证3张。

中国建设银行客户专用回单

币别：人民币　　　　2019年12月16日　　　　流水号：110120027J0500810033

付款人	全　称	北京恒盛有限公司	收款人	全　称	中国建设银行北京市东城区支行
	账　号	41622124077014		账　号	41047026112863
	开户行	中国建设银行北京市东城区支行		开户行	中国建设银行北京市东城区支行

金　额	人民币（大写）叁元伍角整		（小写）¥3.50
凭证种类	网银	凭证号码	
结算方式	转账	用途	转账手续费
		打印柜员：	110125584257
		打印机构：	中国建设银行北京市东城区支行
		打印卡号：	105160886874

打印时间：2019-12-16　　交易柜员：110125584268　　交易机构：110110500541152808

北京增值税专用发票

1101163140　　　　　　　　　　　　　　　　　　　　　　№ 71659139　　1101163140
　　　　　　　　　　　　　　　　　　　　　　　　　　　　　　　　　　71659139

开票日期：2019年12月16日

购买方	名　　称：	北京恒盛有限公司	密码区	14*3187<4/+8173<+95-59+7<640 4340<0-->-6>525<683395->7*7 87*3187<4/+8490<+40819796365 7+<712/<1+9016/2350++>84/498
	纳税人识别号：	911101017690690112		
	地址、电话：	北京市东城区王连街楼小路75号 010-61744362		
	开户行及账号：	中国建设银行北京市东城区支行 41622124077014		

货物或应税劳务、服务名称	规格型号	单位	数量	单价	金额	税率	税额
直接收费金融服务			1	3.30	3.30	6%	0.20
合　　计					¥3.30		¥0.20
价税合计（大写）	⊗叁元伍角整				（小写）¥3.50		

销售方	名　　称：	中国建设银行股份有限公司北京市分行	备注	
	纳税人识别号：	911101018554830878		
	地址、电话：	北京市东城区彭怀街孟立路29号 010-57904319		
	开户行及账号：	中国建设银行股份有限公司北京市营业部 11010178583802164856		

收款人：　　　　复核：　　　　开票人：赵志伟　　　　销售方：（发票专用章）

第二联：抵扣联　购买方扣税凭证

业务 10 2019年12月20日，取得原始凭证3张。

北京 增值税专用发票

1101161140 No 43707009 1101161140 / 43707009

开票日期：2019年12月18日

购买方		
名 称：	北京恒盛有限公司	
纳税人识别号：	911101017690690112	
地 址、电 话：	北京市东城区王连街楼小路75号 010-61744362	
开户行及账号：	中国建设银行北京市东城区支行 41622124077014	

密码区：
67*3187<4/+6635<+95-59+7<767
3472<0-->>-6>525<977888->7*7
87*3187<4/+8490<+92268109097
6+<712/<1+9016>4926++>84>270

货物或应税劳务、服务名称	规格型号	单位	数量	单价	金额	税率	税额
会务费（董事会）		人/次	1	2 830.19	2 830.19	6%	169.81
合 计					¥2 830.19		¥169.81
价税合计（大写）	⊗叁仟元整				（小写）¥3 000.00		

销售方		
名 称：	北京信华办公用品有限公司	
纳税人识别号：	911101014521223214	
地 址、电 话：	北京市东城区贾俊街刘莹路83号 010-79886949	
开户行及账号：	中国建设银行北京市东城区支行 41622124540824	

收款人： 复核： 开票人：杨彦芳 销售方：（发票专用章）

北京信华办公用品有限公司 911101014521223214（发票专用章）

业务11 2019年12月21日，取得原始凭证2张。

北京 增值税专用发票（销项负数）

1101161140 No 66734981 1101161140

此联不作报销费总报账凭证使用 开票日期：2019年12月21日

购买方		
名 称：	南京宝利机电有限公司	
纳税人识别号：	913201039802251097	
地 址、电 话：	江苏省南京市白下区高文街部素路21号 025-29729933	
开户行及账号：	中国建设银行南京市白下区支行 41622124009289	

密码区：
08*3187<4/+3471<+95-59+7<775
0154<0-->-6>525<102270->7*7
87*3187<4/+8490<+01259844090
4+<712/<1+9016>6728++>84>648

货物或应税劳务、服务名称	规格型号	单位	数量	单价	金额	税率	税额
甲		件	-100	100.00	-10 000.00	13%	-1 300.00
合 计					¥-10 000.00		¥-1 300.00
价税合计（大写）	⊗（负数）壹万壹仟叁佰元整				（小写）¥-11 300.00		

销售方		
名 称：	北京恒盛有限公司	
纳税人识别号：	911101017690690112	
地 址、电 话：	北京市东城区王连街楼小路75号 010-61744362	
开户行及账号：	中国建设银行北京市东城区支行 41622124077014	

备注：红字发票信息表编号：110112778561

收款人： 复核： 开票人：谢小花 销售方：（章）

入 库 单

年 月 日 编号：RK

产品编号	名称	规格	计量单位	数量	单位成本	金额	备注
							以前月份销售，本月退货

交库人：赵新莉 收货人：

业务12 2019年12月21日，取得原始凭证2张。

销 售 单

购货单位：北京冠星汽车有限公司
地址和电话：北京市西城区孙岩街张克路62号 010—69256275   单据编号：XS
纳税识别号：911101028069719174
开户行及账号：中国工商银行北京市西城区支行 41729264992564   制单日期：2019年12月21日

编码	产品名称	规格	单位	单价	数量	金额	备注
KCSP002	乙		件	169.50	30	5 085.00	含税价
合计	人民币（大写）：伍仟零捌拾伍元整				—	¥5 085.00	

销售经理：王小欣 经手人：林旭阳 会计：谢小花 签收人：张德如

北京增值税专用发票

No 77345128
开票日期：2019年12月21日

| 购买方 | 名　称：北京冠星汽车有限公司
纳税人识别号：911101028069719174
地　址、电话：北京市西城区孙岩街张克路62号 010-69256275
开户行及账号：中国工商银行北京市西城区支行 41729264992564 | 密码区 | 56*3187<4/+5104<+95-59+7<669
8051<0-->-6>525<066442-7*7
87*3187<4/+8490<+10431136466
3+<712/<1+9016>2260++>84>414 |

货物或应税劳务、服务名称	规格型号	单位	数量	单价	金额	税率	税额
乙		件	30	150.00	4 500.00	13%	585.00
合　计					¥4 500.00		¥585.00

价税合计（大写）：⊗伍仟零捌拾伍元整　　（小写）¥5 085.00

| 销售方 | 名　称：北京恒盛有限公司
纳税人识别号：911101017690690112
地　址、电话：北京市东城区王连街楼小路75号 010-61744362
开户行及账号：中国建设银行北京市东城区支行 41622124077014 | 备注 |

收款人：　　　复核：　　　开票人：谢小花　　　销售方：（章）

业务13 2019年12月21日，取得原始凭证2张。

销　售　单

购货单位：常州苏新股份有限公司
地址和电话：江苏省常州市新北区杨继街杨宝路37号 0519—58884874　　　单据编号：XS
纳税识别号：913204112720149884
开户行及账号：中国工商银行常州市新北区支行 41601434386593　　制单日期：2019年12月21日

编码	产品名称	规格	单位	单价	数量	金额	备注
KCSP002	乙		件	169.50	80	13 560.00	含税价
合计	人民币（大写）壹万叁仟伍佰陆拾元整			—		¥13 560.00	

销售经理：王小欣　　经手人：林旭阳　　会计：谢小花　　签收人：李萍

北京增值税专用发票

No 34480321
开票日期：2019年12月21日

| 购买方 | 名　称：常州苏新股份有限公司
纳税人识别号：913204112720149884
地　址、电话：江苏省常州市新北区杨继街杨宝路37号 0519-58884874
开户行及账号：中国工商银行常州市新北区支行 41601434386593 | 密码区 | 44*3187<4/+9627<+95-59+7<613
2100<0-->-6>525<714528->7*7
87*3187<4/+8490<+01551817573
3+<712/<1+9016>1518++>84>747 |

货物或应税劳务、服务名称	规格型号	单位	数量	单价	金额	税率	税额
乙		件	80	150.00	12 000.00	13%	1 560.00
合　计					¥12 000.00		¥1 560.00

价税合计（大写）：⊗壹万叁仟伍佰陆拾元整　　（小写）¥13 560.00

| 销售方 | 名　称：北京恒盛有限公司
纳税人识别号：911101017690690112
地　址、电话：北京市东城区王连街楼小路75号 010-61744362
开户行及账号：中国建设银行北京市东城区支行 41622124077014 | 备注 |

收款人：　　　复核：　　　开票人：谢小花　　　销售方：（章）

业务 14 2019年12月25日，取得原始凭证2张。

中国建设银行客户专用回单

币别：人民币　　　　　　2019年12月25日　　　　流水号：110120027J0500810030

付款人	全　称	常州苏新股份有限公司	收款人	全　称	北京恒盛有限公司
	账　号	41601434386593		账　号	41622124077014
	开户行	中国工商银行常州市新北区支行		开户行	中国建设银行北京市东城区支行
金　额	人民币（大写）	壹万叁仟叁佰贰拾元整		（小写）	￥13 320.00
凭证种类	网银		凭证号码		
结算方式	转账		用途	货款	

划汇日期：2019-12-25　　汇划款项编号：74276754
报文顺序号：34307069　　汇出行号：102000005043　　打印柜员：110125584257
汇出行行名：中国工商银行常州市新北区支行　　　　打印机构：中国建设银行北京市东城区支行
业务类型：7641　　　　　原凭证金额：13 800.00　　打印卡号：41622124077014
原始凭证种类：8475　　　原凭证号码：
附言：
打印时间：2019-12-25　　交易柜员：110125584268　　　　　　　交易机构：110152704

（中国建设银行电子回单专用章）

购 销 合 同

购方：　常州苏新股份有限公司　　　合同编号：　2019022
销方：　北京恒盛有限公司　　　　　签订地点：　北京市

购销双方本着互利互惠、长期合作的原则，根据《中华人民共和国合同法》及双方的实际情况，就购方向销方采购事宜，订立本合同，以便双方在合同履行中共同遵守。

一、产品名称、数量、单价、金额：

产品名称	规格型号	计量单位	数量	单价	金额	备注
乙		件	80	169.50	13 560.00	含税
合计					￥13 560.00	

合计人民币（大写）：壹万叁仟伍佰陆拾元整

二、质量要求、技术标准、销方对质量负责的条件和期限：按合同企业标准。
三、(1) 交（提）货地点、方式：江苏省常州市新北区杨继街杨宝路37号。
　　(2) 交货日期：2019-12-21。
四、付款时间与付款方式：现金折扣基数：不含税价，现金折扣条件：10天内付款折扣2%，20天内付款折扣1%，30天内付款折扣0，付款方式：转账。
五、运输方式及到站、港和费用负担：销方承担。
六、合理损耗及计算方法：以实际数量验收。
七、包装标准、包装物的供应与回收：普通包装，不回收包装物。
八、验收标准、方法及提出异议期限：货到后，方可在7天内提出质量异议，不包括运输过程中造成的质量问题。
九、违约责任：按《合同法》规定。
十、解决合同纠纷的方式：双方协商解决。
十一、其他约定事项：本合同一式两份，购、销双方各一份，经双方盖章后即生效。

购方（盖章）常州苏新股份有限公司　　　　销方（盖章）北京恒盛有限公司
单位地址：江苏省常州市新北区杨继街杨宝路37号　　单位地址：北京市东城区西连街楼雨路75号
电话：0519—5888487　　　　　　　　　　　　电话：010—61744362
签订日期：2019-12-18　　　　　　　　　　　　签订日期：2019-12-18
开户银行：中国工商银行常州市新北区支行　　　开户银行：中国建设银行北京市东城区支行
账　号：41601434386593　　　　　　　　　　　账　号：41622124077014

业务15 2019年12月25日，取得原始凭证4张。

费用分配表

2019年12月25日　　　　　　　　　　　　　　　　　　　　单位:元

部门	分摊金额
办公室	500.00
合计	500.00

审核:洪媚儿　　　　　　　　　　　　　编制:谢小花

中国建设银行客户专用回单

币别：人民币　　　　2019年12月25日　　　流水号：110120027J0500810030

付款人	全称	北京恒盛有限公司	收款人	全称	中国电信股份有限公司北京市分公司
	账号	41622124077014		账号	41841124138749
	开户行	中国建设银行北京市东城区支行		开户行	中国建设银行北京市东城区支行

金额	人民币（大写）伍佰肆拾伍元整	（小写）¥545.00
凭证种类	网银	凭证号码
结算方式	转账	用途　支付通信费

汇划日期：2019-12-25　　　汇划款项编号：00402831
报文顺序号：56763208　　　汇出行行号：105005411528　　打印柜员：110125584257
汇出行行名：中国建设银行北京市东城区支行　　打印机构：中国建设银行北京市东城区支行
业务类型：0025　　　　　原凭证金额：555.00
原凭证种类：0707　　　　原凭证号码：　　　　　　　打印卡号：41622124077014
附言：　　　　　　　　　　　　　　　　　　　　　　　专用章
打印时间：2019-12-25　　交易柜员：110125584268　　交易机构：110110521

业务16　2019年12月26日，取得原始凭证7张。

差旅费报销单

2019年12月26日　　　　　　　　　　　　　　附原始单据5张

姓名	王小欣			工作部门		销售门市		出差事由		洽谈商务	
日期		地点		车船费		深夜补贴	途中补贴	住勤费		旅馆费	公交费	金额合计
起	讫	起	讫	车次或船名	时间	金额			地区	天数	补贴			
12月21日	12月23日	北京市	福州市			1 437.00			福州市	3	330.00	560.00		2 327.00

报销金额（大写）人民币　　贰仟叁佰贰拾柒元整　　　　合计（小写）¥2 327.00
补付金额：　　　　　　　　　退回金额：
领导批准：张艳辉　　会计主管：洪媚儿　　部门负责人：王小欣　　审核：谢小花　　报销人：王小欣

现金付讫

航空运输电子客票行程单
ITINERARY/RECEIPT OF E-TICKET FOR AIR TRANSPORT

印刷序号：　　SERIAL NUMBER: 11739 15828 5

旅客姓名 NAME OF PASSENGER	有效身份证件号码 ID.NO.		签注 ENDORSEMENTS/RESTRICTIONS(CARBON)					
王小欣	101101197903021096		不得签转 LIYU 140586960					
NFPCTY	承运人 CARRIER	航班号 FLIGHT	座位等级 CLASS	日期 DATE	时间 TIME	客票级别/客票类别 FARE BASIS	客票生效日期 NOT VAL ID BEFORE	有效截止日期 NOT VAL ID AFTER	免费行李 ALLOW
自FROM 北京市	东航	MU6767	E	2019-12-21	8:25	ETD00			20K
至TO 福州市									
至TO									
至TO	票价 FARE CNY570.00	机场建设费 AIRPORT TAX CNY50.00	燃油附加费 FUEL SUCHANGE CNY60.00	其他税费 OTHER TAXES CNY0.00	合计 TUYAL CNY680.00				

电子客票号码：7312380871778　　验证码：4848　　信息来源：进入北京在2号候机楼　　保险费 CNY0.00 INSURANCE
E-TICKETON. CONJ67/68　　CK.
销售单位代号：BJ1N028　　填开单位：东方航空有限公司北京营业部　　填开日期：2019-12-21 DATE OF ISSUE
AGENTCODE. 11055109　　ISSHEDBY
验填网址：WWW.TRAVELSKY.COM　　服务热线：400-815 8888　　短信验真：发送JP至10669018

航空运输电子客票行程单
ITINERARY/RECEIPT OF E-TICKET FOR AIR TRANSPORTR

印刷序号：
SERIAL NUMBER: 12488 16829 6

旅客姓名 NAME OF PASSENGER	有效身份证件号码 ID.NO.	签注 ENDORSEMENTS/RESTRICTIONS(CARBON)
王小欣	110101197903021096	不得签转 GUORUI 161077680

NFPCTY	承运人 CARRIER	航班号 FLIGHT	座位等级 CLASS	日期 DATE	时间 TIME	客票级别/客票类别 FARE BASIS	客票生效日期 NOTVAL ID BEFOHE	有效截止日期 NOTVAL ID AFTER	免费行李 ALLOW
自FRON 福州市	东航	MU6806	E	2019-12-23	20:35	EID00			20K
至TO 北京市									
至TO									
至TO									

票价FARE	机场建设费 AIRPORT TAX	燃油附加费 FUEL SUECHANGE	其他税费 OTHER TAXES	合计 TUYAL
CNY570.00	CNY50.00	CNY60.00	CNY0.00	CNY680.00

电子客票号码 6313360682588　　验证码 6105　　（登机东城进出福州市在4号候机楼）　　保险费 CNY0.00 IMSURANCE
E-TICKETON. CONJ85/86　　CK.

销售单位代号 DHJ055　　填开单位 东方航空有限公司营业部　　填开日期 2019-12-23
NGENTCODE. 12053106　　ISSHEDBY　　DATE OF ISSUE

验填网址: WWW.TRAVELSKY.COM　　服务热线: 400-815 8888　　鉴伪鉴真　　发送JP至10669018

存根

北京市出租汽车专用发票
北京市
国家税务局监制

代码 111011530047
号码 00030896
监督电话：
税务登记证号码：

流水号： 8223240238652551
车号　　京A-01875
证号　　18562008
日期　　2019年12月21日
上车　　06:52:33
下车　　07:22:18
单价　　3元/千米
里程　　12.50
等候　　00:05:46
金额　　38.50
含电调费
卡号　　　路桥费

存根

福州市出租汽车专用发票
福州市
国家税务局监制

代码 135011556564
号码 00042057
监督电话：
税务登记证号码：

流水号： 7174247238652308
车号　　闽A-06944
证号　　12520068
日期　　2019年12月23日
上车　　15:08:19
下车　　15:38:35
单价　　3元/千米
里程　　12.50
等候　　00:08:31
金额　　38.50
含电调费
卡号　　　路桥费

福建增值税专用发票

No 65495810　3501161140　65495810

开票日期：2019年12月23日

| 购买方 | 名称：北京恒盛有限公司
纳税人识别号：911101017690690112
地址、电话：北京市东城区王连街楼小路75号 010-61744362
开户行及账号：中国建设银行北京市东城区支行 41622124077014 | 密码区 | 55*3187<4/+5090<+95-59+7<095
5467<0-->-6>525<697437->7*7
87*3187<4/+8490<+94282543376
5+<712/<1+9016>2475++>84>630 |

货物或应税劳务、服务名称	规格型号	单位	数量	单价	金额	税率	税额
住宿费		天	2	264.15	528.30	6%	31.70
合计					¥528.30		¥31.70

价税合计（大写）　⊗伍佰陆拾元整　（小写）¥560.00

| 销售方 | 名称：星络酒店有限公司
纳税人识别号：913501025270945526
地址、电话：福建省福州市鼓楼区24街31路81号 0591-27544895
开户行及账号：中国建设银行福州市鼓楼区支行 41622124778994 |

收款人：　复核：　开票人：彭怀章　销售方：发票专用章

福建增值税专用发票

No 65495810　3501161140　65495810

开票日期：2019年12月23日

| 购买方 | 名称：北京恒盛有限公司
纳税人识别号：911101017690690112
地址、电话：北京市东城区王连街楼小路75号 010-61744362
开户行及账号：中国建设银行北京市东城区支行 41622124077014 | 密码区 | 55*3187<4/+5090<+95-59+7<095
5467<0-->-6>525<697437->7*7
87*3187<4/+8490<+94282543376
5+<712/<1+9016>2475++>84>630 |

货物或应税劳务、服务名称	规格型号	单位	数量	单价	金额	税率	税额
住宿费		天	2	264.15	528.30	6%	31.70
合计					¥528.30		¥31.70

价税合计（大写）　⊗伍佰陆拾元整　（小写）¥560.00

| 销售方 | 名称：星络酒店有限公司
纳税人识别号：913501025270945526
地址、电话：福建省福州市鼓楼区24街31路81号 0591-27544895
开户行及账号：中国建设银行福州市鼓楼区支行 41622124778994 |

收款人：　复核：　开票人：彭怀章　销售方：发票专用章

业务17　2019年12月29日，取得原始凭证3张。

中国建设银行客户专用回单

币别：人民币　　2019年12月29日　　流水号：110120027J0500810062

付款人	全称	北京恒盛有限公司	收款人	全称	天键会计师事务所有限公司
	账号	41622124077014		账号	41622124568247
	开户行	中国建设银行北京市东城区支行		开户行	中国建设银行北京市房山区支行

金额	人民币（大写）壹仟捌佰元整	（小写）¥1800.00
凭证种类	网银	凭证号码
结算方式	转账	用途　支付咨询服务费

打印柜员：110125584257
打印机构：中国建设银行北京市东城区支行
打印卡号：41622124077014

打印时间：2019-12-29　　交易柜员：110125584268　　交易机构：110110503

业务18 2019年12月31日，取得原始凭证2张。

单位产品成本计算单

2019年12月31日　　　　　　　　　　　　　　　　金额单位：元

产品名称	期初结存		本期入库		单位成本
	数量(件)	金额	数量(件)	金额	
甲					
乙					
合计					

审核：　　　　　　　　　　　　　　　　　　编制：

销售产品成本结转表

2019 年 12 月 31 日　　　　　　　　　　　　　　金额单位:元

领用部门	用途	甲		乙		合计
		数量(件)	金额	数量(件)	金额	
销售门市	销售领用					
合计						

审核:　　　　　　　　　　　　　　　　　　　　　　编制:

业务 19　2019 年 12 月 31 日,取得原始凭证 1 张。

损益类账户发生额结转表

2019 年 12 月 31 日　　　　　　　　　　　　　　　　单位:元

总账科目名称	本期借方发生额	本期贷方发生额
合计		

审核:　　　　　　　　　　　　　　　　　　　　　　编制:

业务 20　2019 年 12 月 31 日,取得原始凭证 1 张。

年度净利润计算及结转表

2019 年 12 月 31 日　　　　　　　　　　　　　　　　单位:元

项　目	金　额
1~11 月净利润	
12 月净利润	
年度净利润	

审核:　　　　　　　　　　　　　　　　　　　　　　编制:

项目十 会计报表

(1) 根据项目九"收入、费用、结转利润"的资料编制 2019 年 12 月份的科目汇总表（按月编制）。

科 目 汇 总 表

年　月　日至　月　日

凭证号数	编号:1　　附件共　　张
	第　号至　号共　张
	第　号至　号共　张
	第　号至　号共　张

会计科目	总页	借方金额												贷方金额											
		十	亿	千	百	十	万	千	百	十	元	角	分	十	亿	千	百	十	万	千	百	十	元	角	分
合计																										

财会主管：　　记账：

科 目 汇 总 表

年　月　日至　月　日

编号：1　　附件共　　张

凭证号数	第　号至　号共　张
	第　号至　号共　张
	第　号至　号共　张

会计科目	总页	借方金额										贷方金额									
		十	亿	千	百	十	万	千	百	十	元	角	分	十	亿	千	百	十	万	千	百	十	元	角	分
合计																					

财会主管：　　记账：

(2) 根据 2019 年 12 月份的科目汇总表等资料编制公司 2019 年 12 月份的资产负债表和利润表。

资产负债表

会企01表

编制单位：　　　　　　　　　　　　年　　月　　日　　　　　　　　　　单位:元

资产	期末余额	上年年末余额	负债和所有者权益（或股东权益）	期末余额	上年年末余额
流动资产：			流动负债：		
货币资金			短期借款		
交易性金融资产			交易性金融负债		
衍生金融资产			衍生金融负债		
应收票据			应付票据		
应收账款			应付账款		
应收款项融资			预收款项		
预付款项			合同负债		
其他应收款			应付职工薪酬		
存货			应交税费		
合同资产			其他应付款		
持有待售资产			持有待售负债		
一年内到期的非流动资产			一年内到期的非流动负债		
其他流动资产			其他流动负债		
流动资产合计			流动负债合计		
非流动资产：			非流动负债：		
债权投资			长期借款		
其他债权投资			应付债券		
长期应收款			其中:优先股		
长期股权投资			永续债		
其他权益工具投资			租赁负债		
其他非流动金融资产			长期应付款		
投资性房地产			预计负债		
固定资产			递延收益		
在建工程			递延所得税负债		
生产性生物资产			其他非流动负债		
油气资产			非流动负债合计		
使用权资产			负债合计		
无形资产			所有者权益(或股东权益)：		
开发支出			实收资本(或股本)		
商誉			其他权益工具		
长期待摊费用			其中:优先股		
递延所得税资产			永续债		
其他非流动资产			资本公积		
非流动资产合计			减:库存股		
			其他综合收益		
			专项储备		
			盈余公积		
			未分配利润		
			所有者权益(或股东权益)合计		
资产总计			负债和所有者权益(或股东权益)总计		

利 润 表

编制单位： ___年___月 会企02表 单位:元

项　目	本期金额	上期金额
一、营业收入		
减:营业成本		
税金及附加		
销售费用		
管理费用		
研发费用		
财务费用		
其中:利息费用		
利息收入		
加:其他收益		
投资收益(损失以"－"号填列)		
其中:对联营企业和合营企业的投资收益		
以摊余成本计量的金融资产终止确认收益(损失以"－"号填列)		
净敞口套期收益(损失以"－"号填列)		
公允价值变动收益(损失以"－"号填列)		
信用减值损失(损失以"－"号填列)		
资产减值损失(损失以"－"号填列)		
资产处置收益(损失以"－"号填列)		
二、营业利润(亏损以"－"号填列)		
加:营业外收入		
减:营业外支出		
三、利润总额(亏损总额以"－"号填列)		
减:所得税费用		
四、净利润(净亏损以"－"号填列)		
(一)持续经营净利润(净亏损以"－"号填列)		
(二)终止经营净利润(净亏损以"－"号填列)		
五、其他综合收益的税后净额		
(一)不能重分类进损益的其他综合收益		
1.重新计量设定受益计划变动额		
2.权益法下不能转损益的其他综合收益		
3.其他权益工具投资公允价值变动		
4.企业自身信用风险公允价值变动		
……		
(二)将重分类进损益的其他综合收益		
1.权益法下可转损益的其他综合收益		
2.其他债权投资公允价值变动		
3.金融资产重分类计入其他综合收益的金额		
4.其他债权投资信用减值准备		
5.现金流量套期储备		
6.外币财务报表折算差额		
……		
六、综合收益总额		
七、每股收益:		
(一)基本每股收益		
(二)稀释每股收益		